Harald Havas

DAS KUNTERBUNTE WEIHNACHTS BUCH

24 weihnachtliche Lesereisen
mit kuriosen Fakten, Geschichten und
Bräuchen aus aller Welt

GOLDEGG
VERLAG

Umschlaggestaltung: Alexandra Schepelmann/donaugrafik.at
Covermotiv: R-i-s-e / Shutterstock
Fotograf Autorenfoto: Milou Kolisch

ISBN: 978-3-99060-183-9

© 2020 Goldegg Verlag GmbH
Friedrichstraße 191 • D-10117 Berlin
Telefon: +49 800 505 43 76-0

Goldegg Verlag GmbH, Österreich
Mommsengasse 4/2 • A-1040 Wien
Telefon: +43 1 505 43 76-0

E-Mail: office@goldegg-verlag.com
www.goldegg-verlag.com

Layout, Satz und Herstellung: Goldegg Verlag GmbH, Wien
Printed in the EU

Gewidmet der Familie K., meiner lieben Weihnachtsfamilie seit vielen, vielen Jahren, für deren Mitglieder H., L., N., K. und M. ich in diesem Buch zwar keine Weihnachtsgeschenke, aber dafür je ein "easter egg" versteckt habe.

INHALT

VORWORT

Willkommen zu einem Buch voller kunterbunter, wundervoller und erstaunlicher Dinge rund um das wichtigste Fest des Jahres!

In diesem Vorwort geht es um zweierlei. Zum einen soll es eine Art Gebrauchsanweisung für das Buch darstellen und zum anderen geht es um die verwendete Sprache.

Der bekannte Journalist und Schriftsteller Karl Kraus hat einmal gesagt: »Was Deutschland und Österreich trennt, ist die gemeinsame Sprache.« Das gilt auch für die Schweiz. Wobei hier nicht unterschiedliche Dialekte gemeint sind, sondern die unterschiedlichen Hochsprachen. Deutsch ist nämlich eine sogenannte plurizentrische Sprache, mit drei unterschiedlichen hochsprachlichen und zugleich schriftsprachlichen Varietäten. Daher ist es auch nicht falsch, sondern nur eine andere sprachliche Variation, wenn Schweizer kein ß kennen, sondern durchgehend nur Doppel-s verwenden und von »parkieren« statt von »einparken« sprechen oder wenn Österreicher »Erlagschein« statt »Zahlschein« oder »Kopfpolster« statt »Kopfkissen« sagen. Für jeden Bewohner des jeweiligen Landes ist das die natürliche und auch korrekte Ausdrucksweise (etwa bei einem Schulaufsatz) und die jeweils anderen Ausdrücke erscheinen leicht befremdlich.

Das gilt unter anderem auch für das verflixte Fugens. Das taucht nämlich in der deutschen Sprache vollkommen unreglementiert und auch völlig unlogisch manchmal zwischen zwei zusammengefügten Hauptwörtern auf – und manchmal nicht. Manchmal ist seine Verwendung einheitlich, so folgt es nach jeder Zusammensetzung mit Weihnacht: Weihnachtsbaum, Weihnachtslied, Weihnachtshimmel … Nicht aber nach Nacht: Nachtzug, Nachttrunk, Nachthimmel …

Allerdings gibt es auch viele Beispiele für eine regional unterschiedliche Verwendung. Und eine davon betrifft alle Zusammensetzungen mit »Advent«. In Österreich heißt es nämlich Adventkalender, Adventkranz, Adventzeit … ganz ohne s dazwischen. Um hier aber nicht ständig beide Varianten verwenden zu müssen, werde ich infolge die Version mit s verwenden. Sorry, liebe Österreicher, dafür bekommt ihr mit dem Kapitel 24 ein eigenes.

Bei anderen ähnlichen Fällen verwende ich manchmal beide Ausdrücke nebeneinander, zum Beispiel Wunderkerze/Sternspucker, oder nenne mehrheitlich den im gesamten Sprachraum dominanten Namen – zum Beispiel Nikolaus und nur selten Nikolo oder Samichlaus, Martinsfest und nur selten Martini, zweiter Weihnachtsfeiertag und nur selten Stefani. Außerdem verwende ich durchgehend »zu Weihnachten«, statt es mit »an Weihnachten« abzuwechseln.

Was nun die Lesereihenfolge betrifft, gibt es prinzipiell drei Möglichkeiten, dieses Buch zu lesen.

* Einfach ganz normal, von vorn nach hinten, im eigenen Tempo.
* Als Adventsbuch, also jeden Tag ein Kapitel. Auf diese mögliche Verwendung habe ich etwas Rücksicht genommen, so ist etwa das Nikolauskapitel das sechste.
* Wild durcheinander, je nach Interesse wie ein Sammelsurium!

Vor allem aufgrund Punkt drei und auch ein wenig wegen Punkt zwei sind alle Kapitel in sich abgeschlossen, als wären sie eigene Artikel zu dem jeweiligen Thema. Daher gibt es in ihnen viele Verweise und auch gelegentlich wiederkehrende Informationen.

Aber wie auch immer Sie dieses Buch nutzen, ich wünsche Ihnen dabei viel Vergnügen und viele Aha-Momente!

1

O WEIHNACHTSBAUM – ALLES RUND UM DEN STACHELIGEN WEIHNACHTLICHEN MITBEWOHNER

Der Brauch, zu Weihnachten einen reichlich geschmückten Baum im Wohnzimmer aufzustellen, ist eine weltweit verbreitete Weihnachtstradition, die in der heutigen Form relativ neu ist, dabei aber auf uralte Wurzeln zurückgreift. Wurzeln, Baum – Sie verstehen.

Der Weihnachtsbaum, in vielen Gegenden des deutschsprachigen Raums auch oder sogar ausschließlich Christbaum genannt, war für dieses Fest ursprünglich eine regionale deutsche Tradition. Zwar gibt es vereinzelte Belege für winterliche Bräuche, die mit dem Aufstellen von Bäumen zu tun haben (die bis zum Beginn der Neuzeit zurückreichen), aber diese verweisen eher auf die Umdeutung noch älterer nichtweihnachtlicher Traditionen. Die in diesem Kapitel etwas später beleuchtet werden. Die meisten dieser frühen Belege auf »echte« Weihnachtsbäume verweisen auf das Elsass und Stockstadt am

Rhein, das sich sogar in seiner Tourismuswerbung dafür rühmt, eine Urkunde aus dem Jahr 1527 zu besitzen, in der der erste tatsächlich auch als solcher bezeichnete »weiennacht baum« namentlich genannt wird.

Ab dem 18. Jahrhundert verbreitete sich der Brauch dann rasant. Es gibt zahlreiche Erwähnungen in amtlichen Papieren und auch in der Literatur, unter anderem von niemand Geringeres als dem großen Dichterfürsten selbst: Johann Wolfgang von Goethe.

Als Erstes wurden vor allem die reformierten Bereiche Deutschlands erobert. Das hatte zur Ursache, dass der geschmückte Baum vor allem im katholischen Süden lange als protestantische – wenn nicht sogar heidnische! – Unkultur abgelehnt wurde. Im Laufe des 19. Jahrhunderts setzte sich die Bepflanzung des Wohnzimmers allerdings auch in den katholischen Gegenden durch. Wobei vor allem im habsburgischen Österreich sehr lange gegen die Neuerung angekämpft wurde. Über die Einführung des Christbaums in Wien ranken sich mehrere Geschichten.

Der erste Baum soll 1814 von der aus Berlin stammenden jüdischen Gesellschaftsdame Fanny von Arnstein in deren von Adeligen und Künstlern frequentierten Salon aufgestellt worden sein. Andere Quellen meinen zu wissen, dass der erste Baum von Erzherzogin Henriette von Nassau-Weilburg 1816 oder 1823 aufgestellt worden wäre. Henriette war die Gemahlin von Erzherzog Karl und die erste Gattin eines Habsburgers, die ihren evange-

lischen Glauben auch nach der Hochzeit behalten durfte. Bis heute ist sie die einzige Protestantin, die jemals in der Wiener Kapuzinergruft beigesetzt wurde – damals übrigens gegen den großen Widerstand der dort bestimmenden Kapuzinermönche. Jedenfalls waren das zuerst nur Einzelfälle.

Noch 1815 verbot die niederösterreichische Landesregierung (Wien war damals kein eigenes Bundesland, sondern die Hauptstadt Niederösterreichs) jede Art von Baum für jede Art von Kirchenfest und verwies dabei explizit auf Weihnachtsbäume. Langsam setzte sich der Brauch dennoch durch, aber es gibt Berichte, dass die legendär scharfe Geheimpolizei der Biedermeierzeit unter Staatskanzler Metternich jeden Heiligen Abend Spitzel aussandte, die sich jene Wohnungen notierten, aus denen ein heller Lichterschein drang, um so potentielle Feinde des Status quo und des Kaiserhauses auszuforschen. Letztlich wurde der Widerstand gegen das Fremde aber generell aufgegeben – und wie so oft und in vielen Fällen komplett und fast übermäßig in die Traditionen der katholischen Kirche integriert.

Der vorläufige Schlusspunkt dieser Annäherung war das Jahr 1982, als erstmals ein Weihnachtsbaum auf dem Petersplatz in Rom aufgestellt wurde.

Wie auch Adventskranz und Adventskalender *(siehe dazu Kapitel 18)* verbreitete sich der anfänglich deutsche Brauch langsam rund um die Welt. Deutsche Auswanderer brachten die Tradition in die USA, wo sich der Baum

bereits Mitte des 19. Jahrhunderts etablierte. Durch die zahlreichen familiären Verflechtungen des europäischen Hochadels – kaum ein Königs- oder Kaiserhaus hatte Deutsche als Vorfahren oder Verwandte – verbreitete sich der Weihnachtsbaum im 19. Jahrhundert ebenfalls in England, Russland und Frankreich. Nicht zuletzt durch die Kolonien dieser Länder trat der Baum bald seinen Siegeszug rund um die Welt an – sogar auf die Südhalbkugel in Länder wie Australien, wo es gar keine Tannenbäume gibt und Weihnachten mitten im Sommer stattfindet.

Inzwischen kann man davon ausgehen, dass überall, wo es Christen gibt, auch die eine oder andere Variante von Bäumen zu Weihnachten geschmückt und aufgestellt wird. Manchmal sogar darüber hinaus. So ist Weihnachten samt Baum in Japan eine große Sache, obwohl ein Großteil der Bevölkerung Shintoisten, Buddhisten oder Atheisten sind und sich nur etwa ein Prozent zur christlichen Religion bekennt.

Was den Baum selbst betrifft, so handelt es sich sowohl im deutschen Sprachraum als auch weltweit nur noch selten um den viel besungenen Tannenbaum. Aber zumindest mehr oder weniger. Soll heißen: *Echte Tannen* gelten zwar als die ursprünglichen Weihnachtsbäume, waren aber von Anfang an nur bei begüterten Familien verbreitet, da sie recht teuer waren. Ärmere Schichten der Bevölkerung begnügten sich meistens mit Tannenzweigen oder anderen, günstigeren Nadelbäumen wie Kiefern. Außerdem gibt es bei den Weihnachtsbäumen

auch so etwas wie Modeerscheinungen. Bis zur Mitte der 1950er-Jahre dominierte in Deutschland die Rotfichte – und zwar fast absolut. Diese wurde in den 1960ern von der Blaufichte abgelöst. Bis sich schließlich in den 1970er-Jahren die Nordmanntanne durchsetzte. Dieser Baum stammt übrigens nicht, wie aufgrund des Namens anzunehmen ist, aus dem skandinavischen Raum. Tatsächlich kommt er aus dem Kaukasus und wurde bloß nach dem Biologen Alexander von Nordmann benannt, der sie 1835 im heutigen Georgien entdeckte. Allerdings gilt Skandinavien heute als der fleißigste Produzent der Weihnachtsbäume. Allen voran hegen und pflegen in Dänemark etwa 4.000 Produzenten einen Bestand von etwa 100 Millionen Nordmanntannen. Dennoch kommen fast 80 Prozent der in deutschen Haushalten aufgestellten Weihnachtsbäume aus Deutschland selbst. Davon stammt ein Drittel aus dem Sauerland. Mit 18.000 Hektar Fläche gilt Südwestfalen als das größte Weihnachtsbaumanbaugebiet Europas.

Doch zurück zur Baumart. Diesen enormen Erfolg verdankt die Nordmanntanne sowohl ästhetischen als auch praktischen Gründen: Ihre Nadeln sind relativ weich, fallen nicht so rasch ab und die meisten Bäume wachsen sehr regelmäßig, symmetrisch und gerade. Was ihnen im Vergleich zu den meisten anderen Nadelbäumen fehlt, ist der typische, stark wahrnehmbare Geruch. Dabei spielt gerade die Nase zu Weihnachten für viele Menschen eine große Rolle. Sowohl was den Duft der

traditionellen Leckereien betrifft, als auch den Geruch von Harz, Zweigen, Kränzen, Nadeln ... und natürlich auch von brennenden Kerzen.

Apropos Kerzen: Während bei uns noch mehrheitlich echte Bäume mit echten brennenden Kerzen und Sternspuckern (Wunderkerzen) im Einsatz sind, gelten solche vor sich hin brennende und funkensprühende Christbäume in anderen Weltgegenden als unbekannt bis undenkbar. In den USA etwa kamen bereits im 19. Jahrhundert künstliche Beleuchtungen zum Einsatz. Und schon 1882 ließ sich ein Amerikaner eine elektrische Beleuchtung der Bäume patentieren, wie sie heute im ganzen Land üblich ist. Tatsächlich gehören brennende Kerzen auf dem Weihnachtsbaum zu den für uns ganz normalen Dingen, bei denen Amerikaner große Augen bekommen, wenn sie erstmals davon hören. So wie bei der Erwähnung von Bier bei McDonald's oder dem fehlenden Tempolimit auf deutschen Autobahnen.

Natürlich gibt es auch in den deutschsprachigen Regionen Menschen, die aus Sicherheitsbedenken oder aus praktischen Gründen lieber eine elektrische Beleuchtung benutzen. In den letzten Jahren hat sich ein neuer Trend durchgesetzt und die Kerzen aus klassischen Glühbirnen werden immer öfter durch LED-Leuchten ersetzt. Die elektrische Beleuchtung auf Weihnachtsbäumen ist international weit verbreitet. Einer der Gründe dafür ist, dass der Baum nicht überall auch tatsächlich ein Baum ist, sondern aus noch leichter entflammbarem

Material besteht. Gerade in den USA oder Japan sind oft nicht nur die Beleuchtung, sondern gleich die gesamten Bäume künstlich. So gab es in den USA bereits Ende des 19. Jahrhunderts Christbäume aus Eisen (nicht so richtig brandgefährlich). Heute sind Bäume aus Kunststoff – zumindest mit Nadeln oder Ästen aus Plastik – jedoch weit verbreitet (brandgefährlich!) und werden oft in Teilen geliefert –, zur Selbstmontage.

Menschen, denen es leid tut, einen Nadelbaum für eine nur so kurz andauernde Festivität zu fällen, die aber dennoch nicht auf einen echten Baum im Wohnzimmer verzichten wollen, können in den letzten Jahren auf Leihbäume zurückgreifen. Viele Gärtnereien stellen lebende Nadelbäume in verschiedenen Größen im Topf für die Feier zur Verfügung, inklusive Lieferung und Abholung. Ein zwar edles, aber nicht ganz billiges Vergnügen. Außerdem empfiehlt es sich schon einige Wochen, wenn nicht sogar Monate im Voraus zu reservieren.

Eine der seltsameren Spielarten rund um den Weihnachtsbaum besteht nicht in seiner Konsistenz, sondern in der Art seiner Aufstellung. Stamm nach unten, Spitze nach oben, in einen Ständer oder Topf, so stellt sich hierzulande wohl fast jeder den festlich geschmückten Baum vor. Tatsächlich wurde der Baum im Raum früher bevorzugt verkehrt herum an die Decke gehängt. Diese Art, den Weihnachtsbaum »aufzustellen«, lässt sich über Jahrhunderte hinweg nachweisen. Vor allem im ostdeutschen Raum und anderen Teilen Osteuropas war dieser Brauch

sehr verbreitet, zumindest bis ins 20. Jahrhundert. Gründe dafür gab es mehrere. Zum einen gab und gibt es die Tradition, Äste oder auch Mistelzweige von der Decke hängen zu lassen oder als Dekoration an den Wänden zu befestigen. Wer es sich leisten konnte, nahm statt eines Zweiges einen ganzen Baum. Ein anderer Grund ist der, dass ein hängender Baum viel platzsparender ist als ein aufgestellter. Schmücken kann man ihn ebenso. Wem das unglaublich erscheint oder sich das nicht vorstellen kann, der möge einfach das Internet bemühen und nach »Weihnachtsbaum, hängend« suchen. Diese für uns eigentümliche Tradition ist auch in den USA verbreitet. Weitere noch seltsamere Aufstellungsarten – und der Autor dieser Zeilen schwört, dass er sie nicht erfunden hat – sind Bäume, die seitlich an den Wänden befestigt in den Raum ragen, und solche, die zwar sehr wohl in einer am Boden stehenden Stütze fixiert werden, aber mit der Spitze nach unten ...

Geometrisch gesehen stellt die äußere Form eines Tannenbaums mehr oder weniger einen Kegel dar. Ebenfalls kegelförmig sind die sogenannten Weihnachtspyramiden, ein Brauch, der vor allem im Osten Deutschlands gepflegt wird. Es handelt sich dabei um (meist) aus geschnitztem Holz gefertigte Konstruktionen, die von kleinen Tischmodellen bis zu mehreren Metern großen Pyramiden reichen. Letztere finden sich oft auf Weihnachtsmärkten. Es gibt unterschiedliche Arten, aber gemein ist allen, dass im Zentrum der Pyramide eine drehbare

Scheibe mit ebenfalls geschnitzten Figuren angebracht ist. Diese wird in den meisten Fällen, zumindest in den Modellen für zu Hause, durch Kerzen angetrieben. Das muss man sich so vorstellen: Auf der Spitze der Pyramide befindet sich ein weit nach außen ragendes sogenanntes Flügelrad, das von der aufsteigenden heißen Luft der brennenden Kerzen darunter in Bewegung versetzt wird. Das Flügelrad ist in der Mitte durch eine Stange mit der Scheibe verbunden und bringt diese ebenfalls zum Drehen. Daraus ergibt sich eine endlose Prozession der Figuren, solange die Kerzen brennen. Die äußere Form der meisten Weihnachtspyramiden ist übrigens nicht zufällig. Sie gehen auf künstlich gefertigte »Drehbäume« zurück, das sind drehbare Scheiben mit einer gemeinsamen Mittelachse, deren Durchmesser nach oben hin immer kleiner wird. Darauf wurden beispielsweise Zweige oder Äpfel montiert. Sozusagen eine Baumimitation, die sowohl in Kirchen als auch in der Wohnung weit verbreitet war, bevor man dazu überging, sich echte Bäume ins Haus zu holen.

Kommen wir nun noch zum eigentlichen Ursprung der Baumtradition. Dafür gibt es eindeutig nicht nur eine einzige Wurzel – im wahrsten Sinne des Wortes. Verschiedenste Traditionen, von den alten Römern bis zu den Ägyptern oder Hebräern, bezeugen, dass sich Menschen, vor allem in der Winterzeit, immer wieder gern Grünes in das eigene Heim holten, um das Leben zu symbolisieren. Besonders in der Zeit, in der das Leben in der Natur lang-

samer wird oder ganz zum Erliegen kommt. Dafür wurden die verschiedensten Pflanzen und Pflanzenteile verwendet. Im alten Rom etwa Lorbeerzweige. Auch bei uns wird heutzutage nicht nur der klassische Tannenbaum als pflanzliche Dekoration zur Weihnachtszeit verwendet, sondern auch Obstbaumzweige *(siehe Kapitel 17)*, Stechpalmen, manchmal als Kränze, oder auch Mistelzweige. Die beiden letzteren werden vor allem traditionell im englischsprachigen Raum verwendet, haben sich aber auch hierzulande mittlerweile fest etabliert.

Doch nicht nur die Pflanzen selbst, auch das Schmücken der grünen Mitbewohner – oder sogar von Bäumen draußen – zur Winterzeit hat eine lange Tradition. Wobei bunte Bänder und anderer Schmuck, besonders in Kugelform, vermutlich auf die Blüten und Früchte von echten Bäumen und Sträuchern hinweisen sollen. Manchmal handelte es sich bei diesem Schmuck, etwa bei den alten Germanen, auch um Opfergaben an die jeweiligen Götter. Kerzen haben wie andere Beleuchtungskörper, etwa Öllampen, eine lange, ja, uralte Tradition rund um die verschiedensten Feierlichkeiten in der Winterzeit, zum Beispiel beim jüdischen Chanukka-Fest, und insbesondere an den Tagen der Wintersonnenwende. Denn gerade in jener Zeit, wo draußen das Licht fehlte, wurde es vermehrt in die Stube gebracht. Nicht nur, um den Raum zu erhellen, sondern auch, um daran zu erinnern, dass die dunkle Zeit wieder vorbei gehen und die Sonne bald wieder länger und kräftiger scheinen würde. Insofern

reiht sich ein beleuchteter Christbaum in ein uraltes, die Menschheit schon immer begleitendes, geradezu genetisch festgelegtes und durchaus abergläubisches Ritual ein, das aus der kreatürlichen Furcht, dass die Finsternis des Herbstes und Winters vielleicht für immer anhalten könnte, entstand. Diese Bräuche und Rituale sollten die Dunkelheit vertreiben und auf magische Weise das Licht (der Sonne) wieder herbeizaubern.

Aus dieser Wurzel, die schöneren Jahreszeiten zu simulieren oder herbeizurufen, gehören zu den klassischen Weihnachtsdekorationen vor allem Dinge, die leuchten, glitzern oder an Früchte erinnern. Kerzen, Lametta, ein metallisch schimmernder Stern an der Spitze und feurig spritzende Wunderkerzen. Vor allem im deutschsprachigen Raum ist tatsächlich noch sehr oft echtes Feuer ein wichtiger Bestandteil des Festes. So wie ein bereitgestellter Eimer mit Wasser.

Die anderen bunten Dekorationen erinnern auf verschiedene Arten an die Natur, sei es in Form von Vögeln oder anderen Tieren. Dazu gesellen sich oft handwerklich hergestellte Objekte, die mit Weihnachten zu tun haben, seien es Strohsterne, kleine Krippen oder Engel. Und natürlich darf essbarer Baumbehang nicht fehlen. Der wiederum an die süßen Früchte erinnern soll, die zu dieser Zeit leider nicht an den Bäumen hängen. Im Gegensatz zu natürlichem (und früher in der Winterzeit nicht verfügbarem) Obst dominiert bei uns Hochkalorienhaltiges: Schokolade, Waffeln, Windbäckerei … Allerdings wird

der Baum nicht überall üppig geschmückt, manche Familien reduzieren ihn bewusst auf das Wesentliche. Dennoch bleibt er heutzutage und hierzulande ein wichtiger, wenn nicht sogar zentraler Bestandteil des Weihnachtsfestes. Hell erleuchtet, dem Winter trotzend, die Dunkelheit vertreibend.

Natürlich, in unseren modernen Zeiten, wo Wohnungen, Häuser und Städte auch im Winter so hell erleuchtet sind, dass sie in der Nacht sogar vom Weltraum aus deutlich sichtbar sind, und auch Fernseher, Computer und Handybildschirme unsere Welt permanent erleuchten, hat dieser ursprüngliche Zweck etwas an Bedeutung eingebüßt. Dennoch funktioniert der Trick noch immer. Kaum jemand kann sich dem Zauber eines hellerleuchteten Baumes im dunklen Wohnzimmer entziehen. Und das nicht nur, weil es die meisten von uns an ihre Kindheit erinnert.

2

KERSTMIS, NOËL, KARÁCSONY – WIE WEIHNACHTEN ANDERSWO HEISST

Selbst wenn man nur ein paar Brocken einer anderen europäischen Sprache beherrscht oder zumindest schon mal das eine oder andere Weihnachtslied in einer anderen Sprache gehört hat, kennt man mit Sicherheit mehr als einen Begriff für das Weihnachtsfest – beispielsweise das englische »Christmas«, das französische »Noël« oder das spanische »Navidad«. Tatsächlich gibt es international eine beachtlich große Anzahl unterschiedlicher Benennungen für Weihnachten, die sich teilweise deutlich in dem unterscheiden, was durch die Bezeichnung ausgedrückt wird beziehungsweise was sie im Kern bedeutet. Dabei steht das Deutsche mit seiner Benennung für das Fest sogar ziemlich allein da. Dazu gleich mehr. Zuerst aber, weil es damit unmittelbar zusammenhängt, die Frage, was – genauer gesagt welcher Zeitraum – eigentlich unter Weihnachten zu verstehen ist.

Der Begriff Weihnachten, der sich als der gebräuchlichste unter mehreren Varianten (etwa Christfest) in ver-

schiedenen Teilen des deutschsprachigen Gebietes allgemein durchgesetzt hat, umfasst tatsächlich mehr als nur einen Tag. Gemeint ist normalerweise sowohl der 24. (Heiligabend) als auch der 25. (Christtag) Dezember – der Tag, an dem Jesus nach christlicher Überlieferung geboren wurde. In manchen Gegenden wird auch noch der 26., der sogenannte zweite Weihnachtsfeiertag oder Stefanitag, dazugerechnet, der fast im ganzen deutschen Sprachraum ebenfalls ein Feiertag ist. Etwas verwirrend. Deshalb wird in diesem Buch die Frage, wann nun genau Weihnachten anzusetzen ist und was unter der »geweihten Nacht« zu verstehen ist, im *Kapitel 7* genauer erläutert.

Der englische Begriff für Weihnachten geht einen anderen Weg der Beschreibung. Er steht dem Wort Christfest näher und ist im deutschen Sprachraum inzwischen genauso gängig wie der deutsche Begriff, ja, wird sogar in Werbungen und bei Produktbenennungen fast noch häufiger verwendet: »Christmas« oder auch »X-mas«. Bei der zweiten Version steht das X übrigens nicht, wie oft fälschlich angenommen wird, für das christliche Kreuz, sondern vielmehr für den griechischen Buchstaben Chi, der Beginn des griechischen Namens für Jesus: »Christos«. Der »mas«-Teil in beiden Wörtern steht für »mass« (= Messe) und hat im Laufe der Zeit ein S eingebüßt. Ursprünglich wurde die Feier daher als »Christ's mass« bezeichnet, also die Christmesse, die auch bei uns ein Teil der Tradition ist.

Dasselbe bedeutet auch das niederländische Wort »Kerstmis«, das dort alternativ zu »Kerstfeest«, also Christfest, verwendet wird.

Im Französischen und in vielen anderen romanischen Sprachen sieht die Sache etwas anders aus. Da geht es weder um eine Messe, noch um eine Nacht. Denn egal ob »Natale« (italienisch), »Natal« (portugiesisch) oder das französische »Noël«, dem die Verwandtschaft nicht unbedingt auf den ersten Blick anzusehen ist, alle stammen von dem lateinischen Wort »natalis« ab, das »zur Geburt gehörig« bedeutet. Eine kleine, wenn auch unbedeutende Abweichung davon verwendet das Spanische, wo das Wort »Navidad« auf das lateinische Wort »nativitas« (= Geburt) zurückgeht.

Übrigens beziehen auch die meisten keltischen Sprachen ihre Bezeichnung für Weihnachten aus derselben Quelle: sei es das bretonische »Nedeleg«, das walisische »Nadiolig« oder das gälische »Nollaig«. Auch das sprachlich nicht verwandte Türkische schließt sich hier an und borgt sich gleich das ganze Wort »Noel« unverändert aus dem Französischen aus.

Rumänisch bildet unter den romanischen Sprachen insofern eine Ausnahme, als es zwar auch ein Wort verwendet, das aufs Lateinische zurückgeht, dem aber eine ganz andere Bedeutung zugrunde liegt. Hier heißt Weihnachten »Crăciun« – das geht vermutlich auf das Wort »calatio« zurück, das das Zusammenrufen des Volkes durch den Priester bedeutet. Eine andere Deutung führt

den Begriff auf das Wort »creationem«, den vierten Fall von »creatio« (= Schöpfung) zurück.

In Ungarn, das lange mit Rumänien politisch verbunden war, stammt das eigene Wort für Weihnachten ebenfalls von dieser Wurzel ab. Allerdings noch verkleideter, denn hier sagt man »Karácsony«.

Das Baskenland ist zwar von romanischen Ländern umgeben, hat aber eine ganz eigene, vermutlich ureuropäische Sprache. Hier nennt man Weihnachten »Eguberria« oder »Eguberri eguna«, was in etwa »neuer Tag« bedeutet. Gemeint ist damit die die Wintersonnenwende, ab dem die Tage bekanntlich wieder länger werden.

Im slawischen Sprachraum gibt es einige Varianten, die sich nur teilweise überschneiden. Auf Polnisch sagt man etwa »Boże narodzenie«, was sich am besten mit »Geburt Gottes« übersetzen lässt. Der Heilige Abend heißt hier übrigens »Wigilia«, was sich von dem lateinischen Wort »vigilare« für »wachen« ableitet.

Im Slowenischen, Kroatischen und Serbischen heißt Weihnachten »Božič/Божић«, was in etwa so viel bedeutet wie »kleiner, junger Gott«. Auf Russisch und Bulgarisch sagt man »Rozhdestvo Khristovo/Рождество Христово«, was so viel heißt wie »Geburt Christi«. Dasselbe bedeutet das ukrainische »Різдво Христове« und das weißrussische »Нараджэнне Хрыстова«.

Tschechisch ist eine der wenigen Sprachen, in denen »Weihnachten« ebenfalls »Weihnachten« heißt beziehungsweise »geweihte Nacht« bedeutet. Vermutlich liegt

das an der langen Verbundenheit mit dem deutschen Sprachraum als Teil der österreichischen Monarchie. Geschrieben wird das Wort natürlich anders als im Deutschen – die eigentümliche deutsch-lateinische Vermischung schreibt sich »Vanoce«. Dabei stammt der erste Teil »va« vom deutschen »weih« und der zweite von »nox, noctis«, dem lateinischen Wort für »Nacht«.

Die balto-slawischen Sprachen Lettisch und Litauisch gehen wiederum einen anderen Weg. Auf Lettisch sagt man »Ziemassvētki«, das bedeutet einfach »Winterfest«. Spannender ist das litauische Wort für Weihnachten »Kalėdos«. Es verweist auf ein altes sklavisches Winterfest zur Wintersonnenwende namens »Koliada« oder »Koleda«, das früher auch in vielen anderen Sprachen dieser Sprachfamilie für Weihnachten stand. Es handelt sich dabei um ein zusammengesetztes Wort, dessen Teile Kreis, Göttin und Kalender bedeuten. Passenderweise heißt die slawische Göttin des Winters, die für das Aufgehen der Sonne verantwortlich ist, Kolyada.

Im Rest von Nordeuropa, wo bekanntlich germanische Sprachen gesprochen werden, leitet sich das Wort für Weihnachten von einem ganz anderen Ursprung ab als heute im Deutschen üblich. In Norwegen, Schweden und Dänemark sagt man »Jul«, auf Isländisch »Jól«, auf Finnisch »Joulu« und in dem mit dem Finnischen verwandten Estnischen »Jõulud«. Ebenso wie die im Englischen und Niederländischen alternativ gebrauchten Wörter »Yule« und »Joelfest« lebt hier ein altgermanisches

Wort fort, das vor allem früher auch im Deutschen und im Norden gebräuchlich war: Julfest. Das klingt zwar ähnlich wie das »Julifest«, findet aber nicht nur gut sechs Monate später statt, sondern hat auch eine ganz andere Wurzel, wenn diese auch noch nicht restlos geklärt ist. »Jul« bedeutete ursprünglich einfach »Fest« oder »Festmahl« und würde sich daher vom (nachträglich rekonstruierten) urgermanischen »jehwlą« in der Bedeutung »Feier, Fest« ableiten. Es gibt aber auch eine alternative Theorie, die das Wort auf »jehwla« zurückführt, was »Zeit der Schneestürme« bedeuten würde. Ein Hinweis darauf bildet das Wort »él«, das auf Altnordisch »Schneegestöber« bedeutet. Im Kern ist das eine Anspielung auf den Winter.

Im Südosten Europas steht das Wort für Weihnachten wie im nahe gelegenen Bulgarien und ostslawischen Raum meist für »Geburt Christi«. Auf Albanisch sagt man »Krishtlindja« und auf Griechisch »Χριστούγεννα/ Khristougenna«. Noch weiter im Südosten wird Christus oder Gott nicht erwähnt, sondern nur die Geburt von Jesus Christus. Auf Hebräisch heißt Weihnachten »Khag Ha'molad«, das Fest der Geburt, und auf Arabisch »Eid almilad«, das Geburtstagsfest. Auf Jiddisch heißt Weihnachten dagegen »Nittl«, wobei es unklar ist, ob das Wort wie im Romanischen vom lateinischen Wort für Geburt abstammt oder von Hebräisch »nitleh«, was so viel bedeutet wie »der Hängende«, ein im Mittelalter unter Juden gebräuchlicher Name für Jesus.

Außerhalb Europas dominieren Übernahmen europäischer Begriffe, meist angelehnt an die ehemaligen bevorzugten Handelspartner oder Kolonialmächte. Wobei Übernahmen vom englischen »Christmas« dominieren. Die Begriffe sind dabei oft abgewandelt, um sich an die jeweilige Sprache und deren Klang anzupassen. So sagt man auf Hindi »Krisamas« und schreibt auf Persisch/Farsi »Krysms«.

Im Japanischen, wo es sehr selten vorkommt, dass zwei Konsonanten aufeinander folgen, heißt es »Kurisumasu«. Noch komplizierter wird es auf Hawaiianisch. In dieser Sprache treffen ebenfalls Konsonanten selten bis nie aufeinander und außerdem existieren zu allem Übel weder S noch R! Etwas problematisch bei einem Wort wie »Christmas« … Deshalb heißt Weihnachten dort »Kalikimaka« (L statt R und K statt S, also eigentlich »Karisimasa«). Was so manchem bekannt vorkommen dürfte, gibt es doch ein berühmtes Weihnachtslied von Bing Crosby namens »Meli Kalikimaka« – »Merry Christmas«.

Eine Ausnahme bildet Chinesisch, genauer gesagt das Mandarin, in dem der Versuch, »die Geburt von Jesus« zu übersetzen, zu der Variante »圣诞/Scheng dàn« führte, was so viel bedeutet wie »die Geburt des Weisen«.

Auch nur in ausgewählten Zirkeln gesprochene Sprachen wie Latein gibt es ein Wort für Weihnachten, in diesem Fall wenig überraschend »Natalis«. Und auch erfundene Sprachen wie die sogenannten Plansprachen, auch

Welthilfssprachen genannt, haben ein Wort für Weihnachten. Auf Esperanto und Ido sagt man »Kristnasko«, was so viel wie »Christusgeburt« bedeutet, auf Interlingue bedeutet »Crist-nascentie« dasselbe. Auf Volapük heißt es »Kritidazäl«.

Abgesehen von diesen seriös gemeinten Welthilfssprachen gibt es noch weitere erfundene Sprachen, vor allem im Fantasy- und Science-Fiction-Bereich. Und hier ist keine so weit ausgearbeitet und verbreitet wie das Klingonische aus der Welt von »Star Trek«. Auch auf Klingonisch gibt es ein Wort für Weihnachten, dessen Bedeutung der geneigte Leser nach all den Informationen und Erkenntnissen dieses Kapitels sicher leicht selbst ableiten kann: »QISmaS«.

Und sollten Sie einmal in der Weihnachtszeit einem Klingonen begegnen und ihm frohe Weihnachten und ein glückliches neues Jahr wünschen wollen, dann sollten sie »QISmaS DatIvjaj 'ej DIS chu' DatIvjaj« sagen. Am besten fangen Sie jetzt schon an zu üben.

3

COSIMA, SISSI UND DIE WEIHNACHTSFLUT – WAS ZU WEIHNACHTEN SONST NOCH SO GESCHAH, TEIL 1: 24.12.

Wenn bedeutende Ereignisse während an sich bereits bedeutenden Tagen stattfinden, verstärkt sich ihre Gewichtung. Wenn man gerade an seinem Geburtstag einen Geldpreis gewinnt oder umgekehrt einen Autounfall hat, merkt man sich das ein Leben lang. Nicht viel anders ist es, wenn wichtige historische Ereignisse an einem besonderen Tag des Jahres stattfinden, oder wichtige Persönlichkeiten an einem solchen geboren werden.

Das gilt auch für Weihnachten. An diesem Datum sind im Laufe der Jahrhunderte einige durchaus interessante Dinge geschehen und Personen geboren worden oder gestorben. Da es im deutschsprachigen Raum allerdings eine gewisse Unklarheit darüber gibt, wann Weihnachten tatsächlich stattfindet *(siehe Kapitel 7)*, wollen wir uns sowohl bedeutende Ereignisse am 24. als auch

am 25. Dezember ansehen. Der Übersichtlichkeit halber sind die Ausführungen in zwei Kapitel unterteilt.

Nun, was ist denn am 24.12. im Laufe der Zeit noch so alles geschehen? Nachdem es keine Überlieferung gibt, wann genau Adam und Eva geboren beziehungsweise erschaffen wurden, gilt der 24. Dezember in der katholischen und evangelischen Kirche als Gedenktag unserer Ureltern. In welchem Jahr das auch gewesen sein mag, dieses ist jedenfalls vor alle anderen Daten zu reihen.

Im Jahr 640 wurde Johannes IV. an einem 24.12. zum Papst gewählt und begründete damit eine kleine mittelalterliche Tradition: Ebenfalls am 24.12. wurden 1046 der deutsche Bischof Suitger (Clemens II.) und 1294 Benedetto Caetani (Bonifatius VIII.) zum Papst gewählt.

1167 wurde Johann Ohneland, der jüngere Bruder von Richard Löwenherz – während seiner Abwesenheit König von England (der als Prinz John jedem, der jemals irgendeinen Robin-Hood-Film gesehen hat, wohl vertraut ist) – geboren.

In Rom riss im Jahr 1598 ein Hochwasser des Flusses die älteste Steinbrücke Roms (Pons Aemilius, errichtet 174 v. Chr.) weg.

1678 vernichtete ein Großbrand die Innenstadt in Hardegsen und 1717 forderte eine gigantische Flutkatastrophe am Rand der Nordsee, von Dänemark bis Niederlande, über 10.000 Tote. Sie erhielt den Namen »Weihnachtsflut«.

1726 wurde Montevideo, die Hauptstadt Uruguays,

gegründet und im Jahr 1769 wurde Franz Alexander von Kleist geboren, einer der bis heute bedeutendsten deutschen Dichter.

Am 24.12.1777 entdeckte James Cook auf einer seiner Weltreisen eine Insel und nannte sie, wenig überraschend, Weihnachtsinsel. (Jetzt wissen Sie auch, wieso die Osterinsel so heißt, wie sie heißt.)

1799 wurde Napoleon Bonaparte erster Konsul und damit Alleinherrscher und Diktator. Kein schlechtes Weihnachtsgeschenk für ihn. Ein Jahr später, 1800, erhielt er ein weiteres, diesmal eine sogenannte »Höllenmaschine« ... Das Attentat auf sein Leben misslingt jedoch.

1818 wurde das Lied »Stille Nacht, heilige Nacht« erstmals bei der Christmette durch den Komponisten Franz Xaver Gruber und den Textdichter Joseph Mohr vorgetragen. Ein derart wichtiges Ereignis, dem wir am Ende des Buches ein *eigenes Kapitel (24)* widmen.

Ein weiteres Weihnachts-Geburtstagskind: 1824 wurde Peter Cornelius geboren, ein bis heute sehr bedeutender deutscher Komponist – nicht zu verwechseln mit dem im süddeutschen Raum populären Vertreter des Austropops.

Am 24.12.1825 wurde Nikolaus I. in Russland zwar nicht Papst, aber immerhin Zar.

Nach Weihnachtsflut und Weihnachtsinsel folgten 1830 die sogenannten Münchner »Weihnachtstumulte«, die durch einen lauten Studentenumzug ausgelöst wurden.

1837 brachte gleich zwei weihnachtliche Geburtstagskinder, beide weiblich: Cosima Wagner, die zweite Ehefrau Richard Wagners und bekannte Leiterin der Bayreuther Festspiele, sowie Elisabeth Amalie Eugenie, Kaiserin von Österreich und Königin von Ungarn, Herzogin in Bayern – besser bekannt als Sis(s)i.

1851 ereignete sich wieder einmal eine weihnachtliche Katastrophe. In der amerikanischen Library of Congress wurden unter anderem ein Original-Porträt von Christoph Kolumbus sowie 35.000 Bücher bei einer Brandkatastrophe vernichtet.

Im Jahr 1860 wurde ein weiterer bedeutender Musikschaffender am Weihnachtsabend geboren, diesmal ein österreichischer: Julius Korngold. Wobei seine eigenen Arbeiten von denen seines Sohnes Erich Wolfgang Korngold, an denen er teilweise beteiligt war, überschattet wurden. Erich Wolfgang, eigentlich Vertreter der modernen Klassik, wurde nach seiner Emigration in die USA einer der bedeutendsten Väter der amerikanischen Filmmusik.

Apropos USA: 1865 wurde am Weihnachtsabend der Ku-Klux-Klan gegründet.

Erfreulicher: 1871 wurde die Oper »Aida« von Giuseppe Verdi uraufgeführt – und zwar fast am Originalschauplatz, nämlich in einem Opernhaus in Kairo.

1886 wurde der berühmte Filmregisseur Michael Curtiz (u.a. bekannt für seinen Film »Casablanca«) geboren.

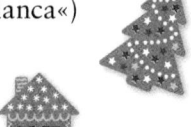

1898 der wichtige deutsche Radio-Pionier Hans Böttcher, und 1905 Howard Hughes, eigenwilliger amerikanischer Millionär und unter anderem Pionier der Luftfahrt.

Am 24. 12. 1906 wird die allererste Rundfunksendung der Welt ausgestrahlt – in Massachusetts, USA.

1912 gab es eine Bergwerkskatastrophe auf der Insel Hokkaidō in Japan, 1913 entstand eine der ersten berüchtigten Ratingagenturen (Fitch Ratings), knapp bevor der Erste Weltkrieg ausbrach. In diesem wurde ausgerechnet am Heiligen Abend 1914 die erste deutsche Fliegerbombe über England abgeworfen. Davor gab es zwar schon Bomben aus der Luft über Lüttich und Antwerpen, allerdings via Zeppelin, und in einem früheren Konflikt über Venedig per Ballon, aber diese war die erste aus einem Flugzeug. Positiveres geschah am Weihnachtsabend 1914. Hier legten sich bekriegende Soldaten, sowohl an der West- als auch an der Ostfront, in einem inoffiziellen Akt ihre Waffen nieder. Dieser berühmte und in vielen Geschichten überlieferte Weihnachtsfrieden erstreckte sich über mehrere Tage.

Nach dem Krieg gab es wieder zwei bedeutende weibliche Geburtstage: 1922 kam die US-Schauspielerin Ava Gardner zur Welt, fünf Jahre später folgte 1927 Mary Higgins Clark, eine der bekanntesten US-amerikanischen Krimi-Autorinnen.

In Washington schienen am Weihnachtsabend nicht nur die Bäume zu brennen: 1929 zerstörte ein Feuer den ganzen Westflügel des Weißen Hauses.

Nicht nur die erste Radiosendung, auch das erste Fernsehbild hatte am 24. Dezember seine Premiere – und zwar 1930, diesmal in Deutschland.

Weitere musikalische Geburtstage: 1931, der österreichische Operettensänger und Theaterintendant Harald Serafin und 1945 der Hard-Rocker Lemmy Kilmister (Motörhead). Dazwischen verstarb auch ein bedeutender (klassischer) Musiker an diesem Tag und zwar 1935 Alban Berg.

1946 wurde der bedeutende italienische Comic-Zeichner Vittorio Giardino geboren und fünf Jahre später wurde die italienische Kolonie Libyen zu einem eigenständigen Königreich. Nicht nur Libyen, auch Laos wurde an einem Weihnachtsabend zu einem eigenen Land, und zwar im Jahr 1954.

Drei Jahre später wird der bekannte österreichische Schlagersänger Andy Baum 1957 geboren.

Am Weihnachtsabend 1964 kam es zu einer weiteren großflächigen Katastrophe mit mehreren 1.000 Toten. Wieder eine Flut, und zwar eine Springflut im Gebiet Südindien und Sri Lanka.

1966 wird Dirk van den Boom, deutscher Politologe und Science-Fiction-Autor, geboren. Was ihn sicher fasziniert hätte, er mit zwei Jahren aber vermutlich noch nicht mitbekommen hatte: 1968 umkreiste erstmals ein Raumschiff mit menschlicher Besatzung den Mond. Apollo 8 brachte viele bedeutende Fotos der Mondoberfläche mit auf die Erde, darunter auch das weltbekannte

Bild »Earthrise«, das den Erdaufgang über dem Mond zeigt.

1974 geschah wieder eine Katastrophe, diesmal war es ein Zyklon namens »Tracy« in Australien.

1979 starb der politische Aktivist und bekannte Führer der deutschen Studentenrevolution Rudi Dutschke an den Spätfolgen eines Attentats auf ihn aus dem Jahr 1968. Am selben Tag gab es wieder einen Erfolg für die Raumfahrt: Die erste europäische Trägerrakete, die bekannte Ariane, startete erfolgreich in Französisch-Guyana.

1991 erhält das neue Russland den ständigen Sitz der ehemaligen Sowjetunion im Sicherheitsrat der Vereinten Nationen. 1993 bekam das Land auch eine neue Verfassung, die unter anderem dem Präsidenten deutlich mehr Rechte einräumt.

Dazwischen, 1992, starb der belgische Comic-Zeichner Peyo, der wahre Vater der Schlümpfe. Sorry, Vader Abraham. 1997 starb Toshirō Mifune, einer der bis heute auch im Westen bekanntesten japanischen Schauspieler.

Ein Weihnachtsgeschenk mit Pferdefuß: 2003 wurde das Hartz-IV-Gesetz verkündet. Korrekt heißt es übrigens: »Viertes Gesetz für moderne Dienstleistungen am Arbeitsmarkt«.

Es folgten zwei Theater-Tode: 2008 starb der berühmte Theaterautor, Regisseur und Nobelpreisträger Harold Pinter. 2011 folgte der bekannte Sänger und Schauspieler Johannes Heesters im Alter von 108 Jahren. 90 davon hat er auf der Bühne verbracht, 87 vor der Kamera.

Eine besondere Form der Weihnachtsbegnadigung erfolgte 2013. Im Gegensatz zu anderen Begnadigungen durch den sogenannten Weihnachtserlass erfolgte diese nämlich postum. Königin Elisabeth II. »begnadigte« an diesem Tag den britischen Mathematiker Alan Turing, der durch das Knacken des Enigma-Codes zu einer erheblichen Verkürzung des Zweiten Weltkriegs beigetragen hatte, allerdings 1952 aufgrund der damaligen Gesetzeslage wegen einer homosexuellen Beziehung verurteilt worden war. Er starb zwei Jahre später durch Selbstmord.

Um erfreulicher zu enden: 2019 beging das Münchner Hofbräuhaus das 70. Jubiläum einer schönen Tradition. Jedes Jahr wird hier am Heiligen Abend bedürftigen Menschen ein schönes Weihnachtsfest bereitet. Mit Festessen und offenem Ohr für Probleme. Im Jubiläumsjahr war es eine Feier für 700 Personen. *Fortsetzung folgt in Kapitel 11.*

4

WEIHNACHTSSAUNA, WEIHNACHTSKATZE UND DER KACK-ONKEL – WEIHNACHTLICHE BRÄUCHE INTERNATIONAL

Die internationalen Weihnachtsbräuche sind so zahlreich wie Sterne in einer klaren (und heiligen) Nacht. Viele dieser Traditionen ähneln einander, manche sind graduell unterschiedlich, manche völlig anders … Manche Länder oder Regionen pflegen zwar fast gleiche Bräuche, dennoch unterscheiden sich diese voneinander, beispielsweise durch das Datum. Auf Brauchtum nicht nur im deutschsprachigen Raum, sondern auch in der unmittelbaren europäischen Umgebung wird in diesem Buch an zahlreichen Stellen unter unterschiedlichen Aspekten immer wieder hingewiesen. Dieses Kapitel jedoch wirft einen exklusiven Blick auf weltweite Weihnachtstraditionen. Es soll dabei allerdings keinen erschöpfenden oder auch nur annähernd kompletten Überblick über die verschiedenen Weihnachtsbräuche auf der ganzen Welt bieten – dieses

Unterfangen wäre von vornherein zum Scheitern verurteilt. Vielmehr beschäftigt es sich mit den etwas absonderlicheren und etwas spezielleren weihnachtlichen Traditionen weltweit.

WEIHNACHTSROLLSCHUHE

In Caracas, der Hauptstadt von Venezuela, hat sich in den letzten Jahren die Tradition etabliert, am Christtag auf Rollschuhen zur Messe zu fahren. Inzwischen hat sich dieser Trend derart verbreitet, dass einige der Straßen ab acht Uhr für den Autoverkehr gesperrt werden. Angeblich schlafen sogar manche Kinder die Nacht davor auf etwas kuriose Weise: Sie binden sich das lose Ende des Schuhbands um den Zeh, während der Rollschuh selbst aus dem Fenster hängt. Freunde, die sie zum gemeinsamen Rollschuhfahren abholen wollen, können sie somit durch einen kleinen Zug am rollenden Schuh aufwecken.

WEIHNACHTSKATZE

Neben den positiven Figuren rund um Weihnachten gibt es bekanntlich auch einige negative, zum Beispiel Knecht Ruprecht oder den Krampus. Auch in Island gibt es eine solche Schreckensgestalt: die Weihnachtskatze! Dabei handelt es sich um eine riesige Wildkatze, die angeblich

in der Zeit um Weihnachten ihr Unwesen treiben soll. Sie geht vermutlich auf eine bäuerliche Tradition zurück, in der es hieß, dass die Arbeiter am Hof, wenn sie das Jahr über brav und fleißig waren, zu Weihnachten neue Kleidung bekämen. Hingegen die Faulen, die kein neues Gewand vorweisen konnten, würden anschließend von der schrecklichen Katze verschlungen werden! Um dieses Schicksal zu verhindern, ist es in Island inzwischen Tradition, dass sicherheitshalber jeder zu Weihnachten neue Kleidung geschenkt bekommt.

Übrigens gehört auch das weihnachtliche Verschenken von Büchern zum fixen und unverzichtbaren isländischen Brauchtum. Es hat sogar einen eigenen Namen »Jólabókaflóð« – Weihnachtsbücherflut.

WEIHNACHTSSPINNENNETZ

Während bei uns die Weihnachtsdekoration größtenteils aus Sternen, Engeln und Kerzen besteht, gehört in der Ukraine ein Spinnennetz fest zur Tradition des weihnachtlichen Baumschmucks – das hat zwei Gründe. Zum einen gelten Spinnennetze in der Ukraine als Glückssymbol und andererseits rankt sich eine Legende um diesen Brauch. Eine arme Witwe soll einst kein Geld gehabt haben, um den Baum für ihre Kinder festlich zu schmücken. Aber die Spinnen des Hauses hatten Erbarmen mit der Familie und dekorierten den ganzen Baum von oben

bis unten mit wunderschönen, prächtigen Spinnennetzen und glitzernden Tautropfen. Dieser guten Gabe der Spinnen wird nun jedes Jahr mit kunstvollen Netzen gedacht.

WEIHNACHTSSAUNA

Viele Finnen lassen kaum eine Gelegenheit vorübergehen, eine Sauna zu benutzen – warum also nicht auch zu Weihnachten? Tatsächlich handelt es sich beim weihnachtlichen Saunagang sogar um eine spirituelle Tradition. Wenn die Finnen am Heiligen Abend in die Sauna gehen, gedenken sie dort ihrer verstorbenen Vorfahren. Danach verlassen die Lebenden die Sauna und denken, dass die Verstorbenen ihren Platz einnehmen, um sich auch nach dem Tod dem Saunavergnügen hingeben zu können.

WEIHNACHTSKAROTTE

Wie in vielen Gegenden im deutschsprachigen Raum stellen auch die Kinder in Holland am Abend vor dem Nikolaustag ihre (frisch geputzten) Schuhe auf, in der Erwartung, darin am nächsten Tag Geschenke zu finden. Eher der englischen Tradition zugehörend, werden dabei die Schuhe zum Kamin gestellt. Und es gibt noch einen Unterschied: Viele Kinder stecken eine oder mehrere Karotten in den Schuh, als Geschenk für den traditionellen

Begleiter von Sinterklaas – ein weißes Pferd namens Amerigo. Übrigens fanden schlimme niederländische Kinder früher statt Süßigkeiten eine Kartoffel in ihren Schuhen vor. Ob das nun besser oder schlechter ist, als die bei uns weit verbreiteten Kohlenstücke ... darüber lässt sich diskutieren.

WEIHNACHTSRAUPEN

Eine südafrikanische Spezialität zu Weihnachten sind gebratene Raupen. Allerdings nicht *irgendwelche* Kriechviecher, sondern die sogenannten Weihnachtsraupen. Das sind Raupen der Kaisermotte (Gonimbrasia belina). Diese gelten nicht nur als Leckerei und Spezialität, sondern ihr Verzehr soll auch Glück im nächsten Jahr bringen.

WEIHNACHTSHEXEN

Abgesehen von der geschenkebringenden Fee/Hexe Befana *(siehe Kapitel 14)* in Italien gibt es in Norwegen auch noch andere Weihnachtshexen, die zu den weniger freundlichen Weihnachtsgestalten zu zählen sind. Denn gerade am Heiligen Abend sollen sich in Norwegen die Hexen auf ihre Besen schwingen und Unfug oder sogar Schlimmeres treiben! Daher ist es in norwegischen Haus-

halten Tradition, alle Besen mit langen Stielen am Heiligen Abend zu verstecken, damit sie nicht missbräuchlich verwendet werden können …

WEIHNACHTSENTE

Weihnachtsenten sind auch bei uns nicht unbekannt. Hier gemeint ist allerdings nicht eine solche, die in manchen Haushalten als Festmahl auf den Tisch kommt. Vielmehr geht es um Donald Duck. Denn so wie es im deutschsprachigen Raum weitverbreitet ist, zu Silvester den Film »Dinner for One« zu sehen, versammeln sich auch heute noch bis zu 40 Prozent der Schweden um 15 Uhr, um sich einen Disney-Trickfilm aus dem Jahr 1958 mit dem Titel »Kalle Anka och hans vänner önskar God Jul« (übersetzt: Donald Duck und seine Freunde wünschen frohe Weihnachten) anzusehen. Im Original heißt das Weihnachtsspecial übrigens »From All of Us to All of You«. Die Tradition geht auf eine Zeit zurück, als es in Schweden nur zwei Fernsehsender gab und einer von beiden zu Weihnachten ausschließlich Disney-Zeichentrickfilme sendete. Varianten dieser speziellen Disney-Weihnachtsshow werden auch in Dänemark, Finnland, Norwegen, Frankreich und Russland am Nachmittag des Heiligen Abends ausgestrahlt.

WEIHNACHTSMYRTE

In Neuseeland hat der Begriff Weihnachtsbaum eine andere Bedeutung. In Ermangelung an Tannenbäumen werden die Äste des Pōhutukawa (Metrosideros excelsa), auch Eisenholzbaum oder neuseeländischer Weihnachtsbaum genannt, verwendet. Dieser zu den Myrtengewächsen zählende Baum trägt zwischen seinen grünen Blättern grell-rote Blüten. Seine Zweige werden deswegen gern für weihnachtliche Dekorationen verwendet. Bereits 1867 hat der österreichische Geologe Ferdinand von Hochstetter darüber berichtet, dass die Äste dieses Baumes in Australien zu Weihnachten Kirchen und Heime der Einheimischen schmückten. Der Pōhutukawa ist als weihnachtliches Symbol so verankert, dass er in Neuseeland auf Weihnachtskarten vorkommt, ihn künstliche Dekorationen imitieren und er in eigenen Weihnachtsliedern besungen wird. In einem heißt es »deine roten Büschel, unser Schnee«. Übrigens galt der Baum schon vor den europäischen Einwanderern als etwas Besonderes und spielt auch in der Religion und Mythologie der einheimischen Maori eine Rolle.

WEIHNACHTSHUHN

In Japan, wo Christen nur eine verschwindende Minderheit darstellen, wird Weihnachten dennoch zelebriert –

und zwar als Familienfest. Traditionell besuchen die Japaner ein Restaurant der amerikanischen Hühner-Frittierkette KFC (Kentucky Fried Chicken) oder nehmen sich deren Produkte mit nach Hause. Über den Ursprung dieser Tradition, die es in Japan seit den 1970er-Jahren gibt, herrscht Unklarheit. Sie dürfte mit der Tatsache zu tun haben, dass die japanische Truthahndichte eher gering ist, da dieses Tier dort weder heimisch ist noch massenweise gezüchtet wird, weshalb man in Imitation des amerikanischen Christmas-Turkey auf Huhn auswich. Amerika, Huhn … da lag der Schritt zu KFC nahe. Außerdem sieht die Werbefigur der Kette, Colonel Sanders, dem Weihnachtsmann entfernt endlich.

WEIHNACHTSSCHEITERHAUFEN

In Guatemala werden in den Tagen und Wochen vor Weihnachten Häuser und Wohnungen auf Hochglanz geputzt und entrümpelt. Alles, was dabei anfällt, wird auf einem großen Scheiterhaufen platziert, mit einer Teufelsfigur geschmückt und anschließend angezündet. Man nennt das »La Quema del Diablo«, das Verbrennen des Teufels. Damit soll alles Böse, insbesondere des vergangenen Jahres, verbrennen, um das nächste neu und unbeschwert beginnen zu können.

WEIHNACHTSSCHUHE

Eine der vielen prophetischen Traditionen rund um Weihnachten wird in der Tschechischen Republik ausgeübt. Dabei stellen sich unverheiratete Frauen mit dem Rücken zu einer Tür und werfen einen ihrer Schuhe über die Schulter. Landet der Schuh mit den Zehen zur Tür, läuten im nächsten Jahr die Hochzeitsglocken. Zeigt die Ferse zu Tür, müssen sie leider noch (zumindest) ein weiteres Jahr warten.

WEIHNACHTSPFERDEKOPF

In manchen Gegenden von Wales verkleiden sich Männer als tote Pferde und ziehen durch das Dorf. Die Mari Lwyd (Grey Mare/Graue Stute) genannte Verkleidung besteht aus dem skelettierten Kopf eines echten Pferdes auf einer Stange und einem weißen Überwurf, etwa einem Bettlaken. Warum auch immer.

WEIHNACHTSZIEGE

Neben Engeln, Figuren aus der Bibel sowie Ochs und Esel gibt es in Schweden seit dem Mittelalter die Figur der Weihnachtsziege. Sie wird »Julbock« genannt und häufig als Dekoration verwendet, dabei ist sie meist aus Stroh

gefertigt. Die Weihnachtsziege gehört in den Reigen der Begleiter des Weihnachtsmanns beziehungsweise Nikolaus und soll angeblich die Macht besessen haben, über den Teufel zu herrschen. Anfangs war der »Julbock« eine eher negative Gestalt und junge Burschen verkleideten sich noch im 17. Jahrhundert gern als Ziege und trieben in den Dörfern ihr Unwesen. Ganz ähnlich den alpenländischen Traditionen rund um Krampus und Perchten. Ab dem 19. Jahrhundert erfolgte ein Wandel zur positiven Weihnachtsfigur. Männliche Mitglieder der Familie begannen sich als Weihnachtsziege zu verkleiden und anstelle des Weihnachtsmanns die anderen zu beschenken. Die Ziege könnte übrigens auch eine Übernahme von Teilen des vorchristlichen Glaubens darstellen. So waren es zwei Ziegen, die als Begleiter von Thor dessen Wagen zogen.

WEIHNACHTSONKEL

Hier hätte man auch eine andere Überschrift wählen können, aber die würde hart am Blasphemischen schrammen ... Aber der Reihe nach – und ich habe das wirklich nicht erfunden: Der Tió de Nadal (Weihnachtsonkel) ist in Katalonien ein kleiner Holzklotz, ein kurzes, von einem Stamm abgeschnittenes Holzstück inklusive Rinde. Auf eine der abgesägten Flächen ist ein lustig lächelndes Gesicht gemalt, oben drauf sitzt ein bunter

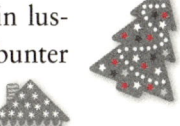

Hut und der Onkel hat meist auch angesteckte Holzbeine. Vom 8. Dezember bis zum Weihnachtsabend pflegen die Kinder ihren Weihnachtsonkel, geben im Wasser, füttern ihn mit Obst und Süßigkeiten, das heißt sie tun so, und decken ihn in der Nacht gut zu. Am Weihnachtsabend wird er herausgeholt und mit speziellen Liedern und Sprüchen … lauthals bedroht! Einigermaßen freundlich übersetzt lauten die Liedzeilen dabei in etwa: »Kack Klotz! Kack Nougat, Haselnüsse und Käse! Wenn du nicht gut kackst, schlage ich dich mit einem Stock, kack Klotz!« Dabei wird der Klotz heftig mit Stöcken geschlagen, bis er tatsächlich Süßigkeiten und Geschenke, äh, von sich gibt. Diese liegen dabei, von den Eltern dort versteckt, unter der Decke, mit der er zuvor zugedeckt wurde. Danach gilt der Weihnachtsonkel als nutzlos und wird als Feuerholz verbrannt. Das Holzstück wird häufiger Kackonkel (Cagatio) genannt und es gibt ihn auch stilisiert aus Schokolade. Diese eigenartig enge Verbindung zwischen dem, äh, Defäkieren und Weihnachten geht so weit, dass in vielen Weihnachtskrippen Kataloniens auch eine kleine menschliche Figur integriert wird, die irgendwo im Hintergrund gerade ihr großes Geschäft verrichtet. Diese Figuren heißen Caganer (Scheißer) und werden oft absichtlich im Aussehen an prominente Persönlichkeiten angelehnt.

5

VON GOLDENEN BADEWANNEN UND PENIS-PASTA – WENN (UND WAS UND WEM) PROMIS SCHENKEN

Sich gegenseitig etwas zu Weihnachten zu schenken, ist ein alter europäischer Brauch, der sich mittlerweile über die ganze christliche Welt und auch ein wenig darüber hinaus verbreitet hat. Teilweise wurde und wird die Tradition sogar in kommunistischen oder anderen nichtchristlichen Haushalten gepflegt. Besonders in solchen andersgläubigen oder säkularen Kreisen gilt Weihnachten daher nicht als religiöses, sondern rein als winterliches Familienfest. Und obwohl sich immer wieder Leute der Enthaltsamkeit verschreiben und geloben, einander dieses Jahr aber tatsächlich gar nichts oder nur etwas ganz Kleines zu schenken, sind die Gaben zu Weihnachten dann doch meistens größer und teurer.

Wie sieht es aber aus, wenn man zu den Topstars und Superreichen der Welt gehört? Was schenkt man dann zu Weihnachten? Nun, nicht immer erfährt das auch die Öf-

fentlichkeit. Manchmal aber schon, etwa durch Klatsch-reporter, Indiskretionen und nicht zuletzt durch Instagram, wo viele Prominente in den letzten Jahren ihre Geschenke präsentieren. Naturgemäß geht es in diesem Kapitel fast ausschließlich um US-Prominenz, da diese einerseits besonders zur Extravaganz neigt und andererseits auch gern mit ihren privaten Dingen an die Öffentlichkeit geht. Hier also eine Auswahl der teuersten und skurrilsten Geschenke der Reichen und Schönen.

GOLDENE BADEWANNE

Der Boxer Mike Tyson und seine Expartnerin Robin Givens waren dafür bekannt, sich gegenseitig immer wieder sehr exklusive Geschenke zu machen. Das teuerste dürfte eine goldene Badewanne gewesen sein, die der Boxer einst seiner Freundin schenkte. Der Preis lag angeblich bei 2,2 Millionen Dollar.

Auch zum Bad gehörig: Ben Affleck schenkte Jennifer Lopez einmal eine mit Rubinen, Saphiren und Diamanten besetzte Klobrille. Von ihm selbst designt. Allerdings lässt sich nicht verifizieren, ob es sich dabei um ein Weihnachtsgeschenk handelte oder zu einem anderen Anlass überreicht wurde.

UMBAUTER WASSERFALL

Für manche ist eine Badewanne aber noch lange nicht genug. Brad Pitt hat am 18. Dezember Geburtstag. Seine und ihre Naturliebe war wohl einer der Gründe, weshalb seine Exfrau Angelina Jolie ihm einmal ein nicht nur besonders teures, sondern wirklich außergewöhnliches Weihnachts-Geburtstags-Geschenk machte: einen echten Wasserfall. Genauer gesagt ein Grundstück, auf dem sich auch ein Wasserfall befand, um den herum sie sich anschließend beide ein Haus – mit tatsächlich fließendem Wasser – bauten.

ALLES KÄSE

Außergewöhnliches muss nicht immer teuer sein. In manchen Fällen allerdings schon. Da wäre etwa der gigantische Käse, den der Sänger John Legend seiner Frau Chrissy Teigen 2015 zu Weihnachten schenkte. Natürlich nicht irgendein Käse, sondern original italienischer Parmesan. Offenbar war das ein lang gehegter Wunsch seiner Frau, einmal einen ganzen originalen Laib davon zu besitzen. Dieses Geschenk klingt zwar eher bescheiden, war aber alles andere als billig, da ein solch großer Laib durchaus in der Preisklasse eines Edelsteins liegt.

TRIPLE OHNE BALL

Eine der teuersten bekannten Weihnachtsgaben überhaupt kam in drei Portionen. 2005 beschenkte David Beckham seine Frau Victoria Beckham angeblich zuerst mit einer diamantbesetzten Handtasche (100.000 Dollar), gefolgt von einem individuell angefertigten Rolls-Royce Phantom (500.000 Dollar), um das Ganze schließlich mit einer Rubin- und Diamant-Halskette des berühmten französischen Juweliers Boucheron (2,4 Millionen Dollar) zu toppen. Übrigens war die Handtasche nicht irgendeine Tasche, sondern vielmehr eine »Himalayan Birkin Hèrmes«, gefertigt aus Himalaya-Krokodilleder, besetzt mit 245 Edelsteinen.

WEIHNACHTLICHE FORTBEWEGUNGSMITTEL

Nicht nur Männer stehen auf schnelle und außergewöhnliche Autos. Unter anderem gehört auch Paris Hilton zu den Motorfans. Weshalb sie sich einmal selbst einen 285.000 Dollar teuren Bentley Continental GT zu Weihnachten schenkte. Natürlich in rosa. Wobei das für sie kein Einzelfall war. Die Hotelerbin kaufte sich doch anlässlich des sogenannten Black Friday einen California Spyder Ferrari. Bei einem Preis von rund 300.000 Dollar war das vermutlich kein Sonderangebot.

Nicht sich selbst sondern seiner Freundin Mariah

Carey schenkte Nick Cannon einmal einen Rolls-Royce Phantom zu Weihnachten, Kostenpunkt 400.000 Dollar. Mit dabei eine persönliche Nummerntafel mit der Aufschrift »mommyMC«.

Im Jahr 2010 beglückte Popstar Beyoncé ihren Mann Jay-Z mit einem rund zwei Millionen Dollar teuren Bugatti, zwar zu seinem im Dezember liegenden Geburtstag, aber immerhin. Sehr wohl zu Weihnachten schenkte allerdings Jay-Z seinerseits seiner Gemahlin mehrere Hermès-Birkin (schon wieder) Handtaschen im Wert von 350.000 Dollar.

Auch bei den notorisch prominenten Kardashians gibt es manchmal automobile Geschenke. Eines der außergewöhnlichsten war ein 1956 Ford Thunderbird, den die Kardashian-Jenner-Schwestern ihrer Mutter Kris 2016 gemeinsam gekauft haben. Wie viel er gekostet hat, ist nicht bekannt – allerdings hat ihre Mutter ihn ein Jahr später für 57.000 Dollar versteigern lassen. Gleich zwei zueinander passende Autos, nämlich zwei schwarze Lamborghinis, schenkte Kim Kardashian ihrem Mann Kanye West und deren Tochter North. Übrigens zum ersten Weihnachtsfest von North, aber wieso sollte man bescheiden anfangen?

Und apropos sich selbst mit einem Fortbewegungsmittel zu beglücken: Justin Bieber hat sich selbst 2014 sogar einmal einen Privatjet zu Weihnachten geschenkt.

KALIFORNISCHER SCHNEE

In Los Angeles kann man fast alles bekommen, allerdings kaum jemals echten Schnee. Deshalb ließ Aaron Spelling, einer der erfolgreichsten Film- und Fernsehproduzenten Hollywoods, einmal eine veritable Schneemaschine auffahren, um seiner Tochter Tori Spelling und ihrem Bruder weiße Weihnachten zu bescheren, was angeblich um die zwei Millionen Dollar gekostet haben soll. Offenbar war seine Tochter davon extrem begeistert, denn im Jahr 2009 wiederholte sie genau diese Überraschung für ihre eigenen Kinder.

GEFÜLLTES KLAVIER

Jude Law schenkte seiner damaligen Freundin Sienna Miller einst einen renovierten Konzertflügel. Doch nicht nur den, denn darin verbarg er einen Diamant- und Saphir-Ring im Wert von 200.000 Dollar als Überraschung – und einen Heiratsantrag.

PENIS-PASTA

Nicht teuer, aber definitiv außergewöhnlich war ein Sack mit Teigwaren, den Schauspieler Zac Efron 2015 ausgerechnet von seiner Mutter geschenkt bekam. Es handel-

te sich nämlich um Pasta in Form von, nun, männlichen Geschlechtsteilen.

NOCH MEHR HANDTASCHEN

Und noch mehr Kardashians. Kim Kardashian bestellte vor ein paar Jahren acht extravagante Mini-Handtaschen von Louis Vuitton aus Japan. Diese waren für ihre Töchter North und Chicago sowie ihre Nichten Penelope, Dream, Stormi und True. Die Beschenkten waren zum Zeitpunkt der Bescherung zwischen sechs Jahren und … acht Monaten alt. Aber bleiben wir doch gleich noch ein wenig bei dieser Familie. 2018 schenkte Bruder Rob allen seinen Schwestern (Kylie, Kim, Khloé, Kourtney und Kendall) einheitlich designte rosa Louis-Vuitton-Pantoffel. Mit 1.500 Dollar pro Paar nicht gerade billige Puschen. Sicher auch teuer, aber vor allem außergewöhnlich war das Geschenk von Kardashian-Mama Kris an Tochter Kourtney: eine originale Robotronikfigur aus der Disneyland-Attraktion »It's a Small World". Ein ähnlich einzigartiges Geschenk erhielt Khloé Kardashian Weihnachten 2016 – und zwar Porträt-Fotografien von Marilyn Monroe, persönlich von dem jeweiligen (berühmten) Fotografen signiert. Die großzügigen Schenker waren dabei Kris Jenner, Chrissy Teigen, John Legend und Jennifer Lopez.

KUSCHELIGE PIZZA

Nicht immer sind die teuersten Geschenke auch die besten. So war Miley Cyrus völlig aus dem Häuschen, als sie von ihrem Partner einen kuscheligen Overall-Einteiler (»Onesie«) bekam – und zwar im Design einer riesigen Salami-Pizza. Dazu Pizzasocken, Pizzahandschuhe, einen Pizzahut und eine Pizzadecke. Miley scheint auf derlei Dinge zu stehen, erhielt sie auch von ihren Eltern zu Weihnachten einmal ein riesiges Hotdog-Imitat, ein riesiges Pizzastück (beide aus Stoff und Kunststoff) sowie einen Kaugummiautomaten. Miley verarbeitet ihren »Fast-Food-Fetisch« auch immer wieder in ihren Bühnenauftritten.

NOCH EIN PENIS

2017 schenkte Cole Sprouse (»Riverdale«) seinem Zwillingsbruder Dylan als Gag ein großes Poster eines anatomisch sezierten Penis.

BURRITO-EINHORN

Blake Lively beschenkte ihren Mann und Deadpool-Darsteller Ryan Reynolds mit ... einer Deadpool-Puppe. Die

in ledernen Kampfanzug gehüllte Gestalt reitet auf einem weißen Einhorn und hat dabei einen Burrito in der Hand.

HUNDE-PULLIS

2014 schickte der bekannte Late-Show-Präsentator Jimmy Fallon der berühmten Talkshow-Moderatorin Oprah Winfrey zu Weihnachten Pullover – und zwar für deren Hunde. Oprah zeigte sich begeistert und nannte die Gaben sogar: »the best gift ever!«

PONY

Viele kleine Mädchen wünschen sich ein echtes Pony zum Geburtstag oder zu Weihnachten. Lady Gaga bekam 2015 tatsächlich eines. Und zwar zu Weihnachten von ihrer Plattenfirma »Interscope Records«.

SPIEL(?)HAUS

Apropos Mädchen. 2012 beschenkte Schauspielerin Katie Holmes ihre Tochter Suri mit einem Spielhaus im Garten. Allerdings war das eher ein eigenes Haus in Kindergröße – mit Elektrizität und Fließwasser, im Wert von etwa 24.000 Dollar.

KUNSTVOLLES GESCHENK

Bekäme man einen weißen Barhocker, auf dem ein Schwimmreifen in Form eines Autoreifens steckt, auf dem ein dickes Buch über Muhammad Ali liegt, auf dem wiederum ein weißer Handschuh ruht und über dem auch noch ein aufblasbares Schwimmtier in Form eines Delphins schwebt, zu Weihnachten geschenkt, nun, nicht jeder würde sich darüber freuen. Popstar Rihanna freute sich aber über das Geschenk der Kreativchefin ihrer eigenen Kosmetikfirma »Fenty«. Denn Rihanna liebt Kunst und diese seltsame Staffelung von Gegenständen ist tatsächlich eine Skulptur von Jeff Koons und mehrere Millionen Dollar wert.

SAVANNAH

Das außergewöhnlichste Weihnachtsgeschenk aller Zeiten dürfte allerdings US-Präsident Abraham Lincoln am 25. Dezember 1864 erhalten haben. Der großzügige Geber war der Nordstaatengeneral William Tecumseh Sherman und das Geschenk selbst war die strategisch wichtige und gerade frisch eroberte Hafenstadt Savannah. Das Geschenk erfolgte in Form eines Telegramms mit dem Wortlaut: »Ich erlaube mir, Ihnen als Weihnachtsgeschenk die Stadt Savannah […] zu übergeben.« Das lässt sich wirklich schwer übertreffen.

WARMHERZIG

Nach all den amerikanischen Exzessen am Schluss noch etwas europäische Bescheidenheit. Was schenkt man seinem Bruder, wenn man Papst ist? Nun, Papst Benedikt XVI. sah das Weihnachten 2007 ganz pragmatisch und schenkte seinem Bruder etwas, was er wirklich brauchen konnte: einen elektrischen Fußwärmer.

6

KINDER, WART IHRE ALLE BRAV? – DER HEILIGE NIKOLAUS UND SEINE BEGLEITER

Die Weihnachtszeit ist eine Zeit der Gaben. Abgesehen von den großen Geschenken, die man zum eigentlichen Weihnachtsfest verschenkt oder erhält, gibt es davor meist schon einiges abzustauben. Oft täglich – wenn man einen Adventskalender (oder mehrere!) zu Hause hat, in dem es Tag für Tag das eine oder andere kleine Geschenk zu finden gibt. Bei vielen Familien ist es üblich, an den Adventssonntagen, vielleicht im Rahmen eines kleinen Kaffeekränzchens, den Kindern kleine vorweihnachtliche Geschenke zukommen zu lassen – zur Steigerung der Vorfreude sozusagen (oder zur Milderung der Ungeduld).

Sollte man lediglich einen Bilderkalender besitzen und nicht in einer Familie aufwachsen, die vorweihnachtliche Geschenke verteilt, dann gibt es zumindest *ein* Datum, bei dem man als Kind auf die eine oder andere Überraschung hoffen darf. Im Minimum auf eine süße.

Die Rede ist natürlich vom Fest des Heiligen Nikolaus. Zu dessen Feiertag am 6. Dezember (der Feiertag eines Heiligen ist übrigens immer der Tag seines Todes) werden landauf, landab Kinder beschenkt. Er und seine Begleiter bringen dabei vor allem süße Präsente – heutzutage beinahe standardmäßig Schokoladenikoläuse. Dazu gibt es traditionell Obst wie Äpfel, Orangen oder Mandarinen sowie verschiedene Arten von Nüssen oder Mandeln. Letztere Früchte und Kerne sind heute meist nicht viel mehr als eine symbolische Beigabe, früher waren sie allerdings die Hauptsache. Denn in ärmeren Zeiten waren Obst oder Nüsse eine seltene Spezialität und fielen auch ganz ohne Schoko- oder Zuckerüberguss in die Kategorie Naschsachen. Heute, in einer Zeit des galoppierenden Konsumismus, ist die Vielfalt der Formen der Nikolausgeschenke geradezu explodiert. Es gibt Nikoläuse aus allen nur denkbaren essbaren Materialien – sogar aus Lebkuchen und Marzipan. Es gibt Schneebälle, Tannenbäume und eine ganze Palette anderer essbarer vorweihnachtlicher Symbole, hauptsächlich in Form von Schokolade. Und zu diesen süßen Überraschungen auf dem Nikolausteller oder in den Schuhen gesellen sich fast immer kleine zusätzliche Geschenke, die in keine kulinarische Kategorie fallen. Etwa warme Kleidungsstücke wie Socken, Strümpfe, Handschuhe oder Mützen als Schutz gegen die herannahende Kälte (und wohl auch, weil den Beschenkten die Kleidung des Vorjahres häufig nicht mehr passt). Dazu kommen noch Bücher oder Hörspiel-

kassetten oder – wenn auch seltener – teurere Geschenke in Richtung Spielzeug. All diese Dinge erhalten in erster Linie Kinder. Aber auch Paare beschenken sich manchmal. Was allerdings mehr die seltenere und neuere Kategorie der Krampusgeschenke betrifft. Doch dazu später.

Aber wer oder was war denn nun eigentlich der Heilige Nikolaus und wieso gibt es am 6. Dezember ein gabenbringendes Fest rund um ihn? Darauf gibt es im Grunde mehrere Antworten. Biografisch sprechen wir beim Heiligen Nikolaus von einem Mann, der tatsächlich gelebt hat, und zwar von Nikolaus von Myra, geboren Ende des dritten und gestorben im vierten Jahrhundert nach Christus. Er war Bischof in der Region Lykien, heute Türkei. Über die historische Person ist nur wenig gesichert bekannt. Beigesetzt wurde er zuerst in einer ihm geweihten Kirche in Kleinasien, seine Gebeine wurden allerdings geraubt und liegen heute in einer Kirche in Süditalien. Bekannt ist, dass er sein Vermögen an die Armen gab, als er in den Priesterstand eintrat. Außerdem ranken sich zahlreiche Heiligenlegenden um ihn. Diese reichen von wertvollen Geschenken an Bedürftige über Rettungen und Bekehrungen bis zur Wiedererweckung eines toten Kindes. Offenbar war er ein besonders beeindruckender Mann, der von verschiedenen Kirchen, vor allem auch von der Ostkirche, bis heute verehrt wird.

Die bei uns üblichen Bräuche rund um den 6. Dezember leiten sich teilweise direkt von einigen Legenden ab, aber auch von bestimmten Kirchenritualen, die nicht

direkt mit ihm zu tun haben. Einige Beispiele: Das Beloh-
nen der guten Kinder und das (immer mehr aus der Mode
kommende) Bestrafen der schlimmen geht etwa auf eine
kirchliche Tradition der rituellen Befragung junger Christen und Christinnen zurück, in der nach der Festigkeit
und dem Befolgen des Glaubens geforscht wurde. Die Geschenke in den Schuhen wiederum basieren auf einer Legende, und zwar jener, nach der Nikolaus drei Nächte
hintereinander Goldklumpen in die Zimmer einer armen
Familie geworfen hätte, die darauf in den bei den Betten
stehenden Schuhen landeten. Auf diese Geschichte geht
sowohl die Darstellung des Heiligen mit (drei) goldenen
Äpfeln zurück als auch die Erwartung, am Nikolaustag
etwas in den Schuhen zu finden. Auch der Brauch, Wal-
nüsse golden einzufärben und am Nikolaustag zu verschenken oder als Weihnachtsdekoration zu benutzen,
stammt von dieser Geschichte.

So wie die Figur heute an den Nachwuchs vermittelt wird, nämlich als volkstümlich verbreitete Geschichte, der Bischof sei eben ein besonders guter Mensch gewesen, der vor allem Kinder sehr geliebt habe und den
armen unter ihnen Geschenke gebracht habe, greift historisch und vor allem kirchenhistorisch gesehen allerdings
zu kurz beziehungsweise lässt sich so nicht belegen.

Die Traditionen rund um seinen Gedenktag sind darüber hinaus weltweit sehr unterschiedlich und vielfältig.
Einige davon werden auch an anderen Stellen dieses Buches behandelt. Übrigens geht auch die Gestalt des Weih-

nachtsmanns zum Teil auf den heiligen Nikolaus zurück. Das erkennt man etwa daran, dass einige der Bräuche rund um Santa Claus, wie etwa das Führen eines Buches mit den guten und schlechten Taten der Kinder, dem Nikolausbrauchtum entnommen sind. Ganz zu schweigen von dessen Namen: Santa = Saint = Heiliger, Claus = kurz für Nikolaus. Dennoch sind die beiden Figuren in der aktuellen Weihnachtsmythologie nicht identisch *(siehe Kapitel 21)*.

Apropos Namen. Wie alt und wie weit verbreitet das Brauchtum rund um den freundlichen, bärtigen Herrn ist, kann man daran erkennen, unter wie vielen unterschiedlichen Namen der heilige Nikolaus regional – allein im deutschsprachigen Raum! – bekannt ist. Von Nord nach Süd heißt er unter anderem: Sunner Klaas, Sunner Klaus, Tsenter Kloas, Zinniklos, Kleeschen, Samichlaus, Santichlaus, Santiglaus, Nikolo, Nikló oder St. Niklas.

Auch international, vor allem in fast allen Teilen Europas, ist die Nikolaus-Feier weit verbreitet und in jedem dieser Länder gibt es ebenfalls oft eine ganze Reihe von Namen für ihn. Der jeweils hochsprachliche besteht dabei wie bei uns praktisch immer aus der Kombination des Wortes »heilig« in der jeweiligen Landessprache sowie der jeweils gängigen Variante für »Nikolaus«. Auch wenn das nicht immer auf den ersten Blick erkennbar ist. Wie im Rumänischen, wo heilig »sfantul« heißt (daher »Sfantul Nicolae«) oder im Ungarischen, wo der Name Nikolaus »Miklós« lautet (daher »Szent Mik-

lós«). Eine leichte Abweichung von diesem Muster gibt es in Finnland und Schweden, wo der Bestand »heilig« wegfällt und er einfach als »Niilo« bekannt ist. Ähnlich der Kurzform Nikolo im süddeutschen Raum.

Die optische Darstellung des Nikolaus variiert ebenfalls regional, allerdings stets um ein bestimmtes festes Muster. Das heißt, im Prinzip wird er als alter, hagerer, groß gewachsener Mann (diese Statur wird übrigens auch durch seine erhaltenen Gebeine bestätigt) mit langem weißem Bart in einer Bischofstracht dargestellt. Diese Tracht entspricht dabei oft dem typischen Bischofsornat der Region, Konfession oder Zeit der jeweiligen Darstellung. Außerdem sind die Trachten oft historisierend, soll heißen, sie entsprechen nicht mehr der aktuellen unter Bischöfen gebräuchlichen Mode. Allerdings wandelt sich die kirchliche Mode nur langsam, weshalb zum Outfit des heiligen Mannes meist ein langes Priestergewand, eine spitze Bischofsmütze und ein gewundener Bischofsstab gehören.

Wie bereits angedeutet – (ein) Nikolaus kommt selten allein! Sehr oft wird der heilige Obstlieferant von einer zweiten Person begleitet. In einer kapitelsprengenden Vielfalt. Daher im folgenden nur Beispiele und eine allgemeine Übersicht. Grundsätzlich lassen sich bei den Reisegefährten zwei Dinge als Leitthema finden. Zum einen geht es darum, die Dualität von Belohnung und Bestrafung auf zwei Personen aufzuteilen, wodurch Nikolaus isoliert als der Gute, der Mildtätige, der Nachsichti-

ge, der Heilige angesehen werden kann. Die Bestrafung fällt dabei dem jeweiligen Begleiter zu. Zum anderen handelt es sich bei dieser Begleitfigur meist um die christliche Einbindung alter heidnischer Figuren und Bräuche. Oft solche, die mit dem Winter verbunden sind.

Das Dunkle des Winters und das Böse an sich verkörpernd handelt es sich bei diesen Personen folgerichtig meist um eine Variante einer schwarzen Teufelsfigur – die ebenfalls sinnbildlich für die Gefahren der Winterzeit steht und die wiederum gut zu ihrer Funktion als Bestrafer passt.

Der Ursprung als winterliche Schreckensgestalt zeigt sich unter anderem bei dem vor allem an vielen Stellen des Alpenraums verbreiteten Brauch des Perchtenlaufs. Dieser beinhaltet eine ganze Horde winterlicher Dämonen, die peitschenknallend und kettenrasselnd mit Ruten bewaffnet durch das ganze Dorf toben und anschließend symbolisch durch laute Geräusche oder auch durch Licht vertrieben werden. Genau in diese Kategorie gehören auch die meisten Partner des Heiligen. Am deutlichsten wird das wohl in der (südlichen) Figur des Krampus, der mit wildem schwarzem Pelz, rotem Gesicht, Hörnern, langer Zunge und oft auch Hufen so aussieht, wie man sich vielerorts den Leibhaftigen vorstellt. Aber auch (den eher nördlichen) Knecht Ruprecht, der manchmal einfach als alter Mann im Mantel mit Sack dargestellt wird, gibt es in weitaus teuflischeren und dämonischeren Varianten als schwarzen, behaarten Dämon. Sprachforscher vermu-

ten in seinem Namen ebenfalls eine Herkunft aus dem süddeutschen Raum: [Rup]-precht = Percht.

Eine weitere Wurzel dieser dämonischen Figuren dürfte übrigens in dem antiken Gott Pan zu finden sein. Dieser bocksfüßige, von der Hüfte abwärts behaarte und gehörnte Naturgott wurde in der Winterzeit im Rahmen der Saturnalien ebenfalls verehrt. *Über die Beziehung zwischen den Saturnalien und Weihnachten mehr im Kapitel 7.* Pan gilt vielen Forschern aufgrund seines Erscheinungsbildes als Hauptvorlage für den christlichen Teufel und somit in weiterer Folge auch für Krampus und Co.

Durch die Überlagerung eines zuvor zu ehrenden Gottes mit einer später als teuflisch empfundenen Gestalt ist es nicht ganz verwunderlich, dass manchmal auch der negative Begleiter des Heiligen Nikolaus Geschenke bringt. Andernorts verteilt der Begleiter zumindest Kohlestücke oder auch Darstellungen von sich selbst, zum Beispiel aus dunklem Dörrobst, wie den sogenannten Zwetschkenkrampus.

Überhaupt ist der Krampus der am besten ausgearbeitete und weitaus fester in der Mythologie verankerte Nikolauspartner. In manchen Regionen erscheint der Krampus auch unabhängig vom Nikolaus – nämlich bereits einen Tag vorher, am 5. Dezember, dem Krampustag. Oft verkleidet sich dabei die männliche Dorfjugend analog zum Perchtenlauf als pelzige Teufel und macht die Straßen mit lautem Gebrüll unsicher. Vor allem der weib-

lichen Dorfjugend ist zu dieser Zeit angeraten, zu Hause zu bleiben.

Die Jagd auf junge Frauen mit durchaus mitschwingendem erotischem Unterton verweist auf einen anderen Aspekt des Krampus, der ihn ebenfalls in die Nähe von Pan rückt. Seit zumindest 100 Jahren – einschlägige Ansichtskarten, die das deutlich zeigen, reichen bis in diese Zeit zurück – hat die an sich negative Figur zum Teil auch eine Umdeutung erfahren. So wurde »das Böse« und »das Teuflische« nicht im wörtlichen Sinn, sondern im übertragenen, erotischen Sinn interpretiert. In diesen Zeichnungen ist der Krampus ein Verführer, der statt kleinen Kindern vor allem gutaussehende Frauen raubt. Und umgekehrt gibt es weibliche, sexy Krampusteufelinnen, die darauf aus sind, brave Männer sittlich zu bedrängen. Besonders in den 1950er- bis 1970er-Jahren waren solche schlüpfrigen Szenen, wie bereits erwähnt, vor allem auf Ansichtskarten weit verbreitet. Aber diese Interpretation ist alles andere als passé. So werden heutzutage in vielen Clubs und Diskotheken gern erotisch betonte Krampuspartys veranstaltet. Und auch von so manchem Paar wird der Krampustag, oder eher dessen Nacht, gern sinnlich und vielleicht sogar mit einer leichten SM-Note begangen. Viele Geschäfte und vor allem das Internet bieten dazu passende Krampusgeschenke an, vor allem rotschwarz gehaltene Reizwäsche.

Abgesehen von Krampus und Ruprecht gibt es im Bereich der bepelzten Teufel regional noch eine ganze

Reihe ähnlicher Begleiter. Wie etwa (alphabetisch) Beelzebub, Bullerklas, Butzenbercht, Hans Muff, Hans Trapp, Housecker, Pelzebock, Pelznickel, Père Fouettard, Rupelz, Schmutzli oder Zwarte Piet. Wobei im Falle vom Schwarzen Peter (Zwarte Piet) nicht nur die Kleidung beziehungsweise der Pelz schwarz ist, sondern auch das Gesicht. Was in Zeiten von erhöhter ethnischer Sensibilität inzwischen allerdings nicht mehr so gern gesehen wird.

Dazu gesellen sich regional als Begleiter andere mehr oder weniger Schreckgestalten, wie der Kinderfresser (auch Knecht Ruprecht oder der Krampus stecken manchmal Kinder in einen Sack), die Buttnmandln oder auch der Schimmelreiter. Regional gibt es im Alpenraum dazu auch richtige Nikolausprozessionen, bei denen neben den negativen auch positive Gestalten beteiligt sind, wie das Nikoloweibl als feminine Ergänzung. Positive Begleiter des Heiligen Nikolaus sind zwar selten, aber kommen durchaus vor: In manchen Darstellungen wird der Nikolaus etwa auch von einem Engel oder einem engelähnlichen Kind begleitet. Möglicherweise besteht hier eine Verwandtschaft zu »Snegurotschka« (Schneeflöckchen), einer Begleiterin von Väterchen Frost, *siehe Kapitel 21.*

Abgesehen von Nikoläusen bei Prozessionen, bei Weihnachtsmärkten oder in Kaufhäusern haben manche Leute am 6. Dezember auch gern einen echten Nikolaus im Haus. Ein beliebter Studentenjob, der früher oft von nahen Verwandten oder notfalls vom Vater geleistet wurde (der dazu schnell und unbemerkt in einem ande-

ren Zimmer verschwinden und sich umziehen musste). Im Gegensatz zu heute war bei den gemieteten Auftritten fast immer einer der dunklen Begleiter Standard.

Wie gesagt: Gestaltung und Ablauf des Brauchtums rund um den Nikolaus sind vielfältig und durchdringen und überschneiden sich oft mit vielen anderen Traditionen. Wie etwa in Bremen, wo verkleidete Kinder am Nikolaustag von Laden zu Laden gehen und dort nach dem Aufsagen eines Spruchs Süßigkeiten erhalten. Eine gute Gelegenheit für die Kaufleute, für kurze Zeit selbst zu einer Art Nikolaus zu werden.

7

HEILIGER ABEND, HEILIGE NACHT UND HEILIGER TAG – WANN IST DENN NUN EIGENTLICH WEIHNACHTEN?

Die Frage, wann denn nun eigentlich Weihnachten ist, lässt sich interessanterweise gar nicht so einfach beantworten. Wovon spricht man eigentlich genau, wenn von Weihnachten die Rede ist? Jetzt mal ganz abgesehen von der Weihnachtszeit oder dem Advent – und auch davon, von wann bis wann diese genau stattfinden. Hier herrscht gewissermaßen ein wenig Konfusion.

Um zu beantworten, *wann* Weihnachten ist, stellt sich vor allem erst einmal die Frage, *was* Weihnachten tatsächlich ist. Diese Frage ist aus religiöser Sicht einigermaßen einfach zu beantworten: Beim Weihnachtsfest wird die Geburt von Jesus Christus im Stall von Bethlehem gefeiert. Es handelt sich um die Geburtstagsfeier von Jesus von Nazareth. Darum wird es auch manchmal Christfest genannt. So weit, so klar. Aber wieso genau

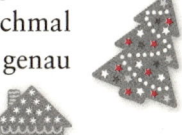

zu diesem Termin? In der Bibel steht nichts davon, wann Jesus geboren wurde. Es gibt auch keine historischen Quellen dafür. Und wenn man es genau nimmt, nicht einmal für die Existenz eines Manns namens Jesus, denn nach den Theorien mancher Historiker hat es die Person Jesus Christus gar nicht gegeben oder er war eigentlich mehrere Personen, die nachträglich zu einer zusammengefasst wurden. Aber lassen wir das einmal beiseite.

Dieses Geburtsfest und vor allem, dass es gegen Ende Dezember gefeiert wird, war nicht von Anfang an im christlichen Glauben und in der christlichen Tradition verankert. In den ersten zwei Jahrhunderten gab es noch nicht einmal ein festgelegtes Datum und nur ein paar dürre Hinweise auf Überlegungen, wann Jesus nun geboren worden sein könnte. Erst in einem römischen Text aus dem Jahr 354, verfasst von einem gewissen Furius Dionysius Filocalus, wird erstmals ein bestimmtes Datum für die Geburt Christi genannt und festgelegt – der 25. Dezember.

Auch andere regionale Kirchen, wie die afrikanische oder die in Konstantinopel, begannen um diese Zeit, Mitte des vierten Jahrhunderts, die Geburt von Jesus zu feiern. Teilweise lösten diese andere Feiern, wie die am 6. Januar, die der Erscheinung des Herrn (Epiphanie) gedachten, ab. Doch zu diesem auch etwas speziellen Datum etwas später mehr.

Belege dafür, dass Jesus tatsächlich am 25. Dezember geboren wurde, sind kaum bis gar nicht vorhanden.

Die wenigen, die es gibt, weisen darauf hin, dass dieser Termin der jüdischen Tradition und Prophezeiungen für die Geburt des Messias entspricht. Es gibt allerdings einige gute Gründe dafür anzunehmen, dass das Datum von der frühen Kirche bewusst gewählt wurde. Insbesondere deswegen, um damit andere heidnische Feste zu überlagern. Und diesbezüglich gab es im dritten Jahrhundert einige Kandidaten. Das bedeutendste dieser Feste, die Ende Dezember begangen wurden, war das römische Fest des Sol Invictus, der unbesiegbaren Sonne, im großen Ganzen gleichbedeutend mit der Geburt von Mithras, einer Personifikation des Sonnengottes. Außerdem fanden zu dieser Zeit in Rom die Saturnalien statt, ausgedehnte Feiern für Saturn (ebenfalls Sonnengott, allerdings ein anderer, eigener), die meist am 24.12. endeten. Die Personifikationen und Zuständigkeiten der antiken Götter überlagern einander schon gern einmal. Und dann gab es auch noch Feiern für Pan und Dionysos.

All diesen Überlegungen gemeinsam ist die Wintersonnenwende. Diese spielt auf der ganzen Welt in hunderten, wenn nicht in tausenden Kulturen eine große Rolle. Die kürzeren Tage im Herbst bedeuteten für die meisten Menschen der Nordhalbkugel eine Zeit der Reduktion, oft des Mangels. Manchmal war das Verschwinden der Sonne über lange Zeiträume mit abergläubischer Angst besetzt. Dass die Tage nach der Wintersonnenwende nun wieder länger wurden, wurde daher als eine Art Wiederkehr der Sonne gefeiert – manchmal buchstäblich als

Lichterfest. Die Ägypter feierten zum Beispiel an diesem Tag das Fest der Isis und der Geburt von Horus. Hier wurde von der frühen Kirche Jesus als »Licht der Welt« bewusst eingesetzt, um die anderen »Lichtgötter« zu verdrängen.

Warum wurde am 25. Gefeiert, wenn die Wintersonnenwende bereits am 21. Dezember stattfindet? Nun, das erklärt sich durch den julianischen Kalender. Als der eingeführt wurde, lag die tatsächliche astronomische Wintersonnenwende tatsächlich noch am 25. Dezember. Im Laufe der Zeit verschob sich der Tag astronomisch, wurde aber trotzdem auch noch mehrere Jahrhunderte später kalendarisch auf den 25. gelegt. Alle erwähnten römischen Feste kreisen um dieses Datum – und somit auch die Übernahme durch die christliche Kirche. Gut, damit hätten wir den 25. Dezember zumindest in der Tradition als Geburtstag von Jesus Christus festgelegt. Ist daher tatsächlich am 25. Dezember Weihnachten? Ja, zumindest in der Tradition der westlichen Kirchen.

In vielen davon endet die Weihnachtszeit übrigens am 6. Januar mit dem bereits oben genannten Fest der Epiphanie. Das ist auch das traditionelle Datum der Taufe Christi. Wobei – Achtung, Falle! – damit nicht gemeint ist, dass Jesus zwei Wochen nach seiner Geburt getauft worden wäre. Denn er war wie seine Eltern und alle anderen rund um ihn herum Jude, weshalb manche christlichen Kirchen am 1. Januar das Fest der »Beschneidung des Herrn« begehen. Getauft wurde er laut Bibel viel spä-

ter als Erwachsener durch Johannes den Täufer, der diese Tradition im christlichen Sinne erst begründete. In anderen westlichen christlichen Traditionen schließt sich der Weihnachtskreis erst am 2. Februar, mit dem Fest Maria Lichtmess.

Wann welche Ostkirche Weihnachten genau feiert, ist geradezu eine eigene Wissenschaft. Manche feiern am 6. Januar und begründen das mit der Epiphanie, andere feiern ebenfalls am 6. Januar, weil sie noch nach dem julianischen Kalender rechnen und sich hier der Zeitpunkt im Laufe der Zeit immer mehr verschoben hat. Manchmal addieren sich diese Faktoren sogar. So feiert die armenische Kirche den 6. Januar, der aufgrund der Verschiebung des alten Kalenders allerdings mittlerweile auf den 19. Januar fällt ... Es ist kompliziert. Auf jeden Fall zu kompliziert für dieses Buch.

Wir haben also festgestellt: Am 25. Dezember ist Weihnachten. Das ist allerdings gerade im deutschen Sprachraum noch immer keine befriedigende Antwort. Denn würde man eine groß angelegte Straßenbefragung durchführen, würden die meisten Menschen eher den 24. Dezember als Weihnachten bezeichnen. Was natürlich daran liegt, dass die Feiern, vor allem die familiären Feiern, bei uns am Abend des 24. stattfinden. Außerdem wird man von Kindheit an in diese Richtung indoktriniert: Schließlich öffnet man am 24. das letzte Fenster des Adventskalenders – es muss daher am 24.12. Weihnachten sein, oder? Am selben Tag bekommt man schließlich

auch die Geschenke. Außerdem sieht man das Christuskind unter dem Weihnachtsbaum in seiner Krippe liegen.

Genau genommen ist der 24. Dezember aber nicht Weihnachten, sondern »nur« Heiligabend – der Abend *vor* Weihnachten. Das lässt sich auch unschwer daran erkennen, dass der 25. Dezember ein Feiertag ist, der 24. aber nicht. Er ist maximal ein – umgangssprachlich sogenannter – Halbfeiertag. Die Geschäfte sind zwar offen, allerdings meist nur bis Mittag.

Diese Verwirrung ist zum Teil auch im deutschen Namen des Festes begründet. In fast keinem anderen Sprachraum wird das Christfest als Weihnachten, also als »heilige Nacht«, bezeichnet. *Siehe dazu Kapitel 2.*

Der Gedanke hinter der deutschen Benennung ist der, dass Jesus der Überlieferung nach in der Nacht geboren wurde. Im Sinne der traditionellen Datierung in der Nacht vom 24. auf den 25. Dezember. Nachdem aber damals niemand mit nervösem Blick auf die Armbanduhr daneben gestanden ist, könnte es genauso gut auch noch am 24. gewesen sein, oder? Hier liegt der Hase im Pfeffer beziehungsweise das Kind in der Krippe: Man weiß es einfach nicht. Um das zu umgehen, feiern viele christlichen Kirchen ihre Mitternachtsmesse in dieser heiligen Nacht genau um 24 Uhr, zugleich 0 Uhr. Die heilige Nacht (laut Duden bedeutet »Nacht«: der Zeitraum zwischen Einbruch der Dunkelheit und Beginn der Morgendämmerung) ist allerdings schon vorher und somit heilig, nicht erst danach!

Da das bei uns allerdings kaum jemand so sieht und auch dieses Buch 24 statt 25 Kapitel hat, plädiere ich als Autor für einen Kompromiss. Stellen wir doch für unsere Zwecke als Conclusio folgendes pragmatisch fest: Weihnachten, der Geburtstag von Jesus Christus und somit sein Fest, ist am 25. Dezember. Der 24. ist – zumindest ab Abend – aber auch schon ein bisschen heilig. Also sind beide ein bisschen Weihnachten. Und alle sind zufrieden.

8

WO WEIHNACHTEN VERBOTEN IST – (SELTSAME) GESETZE RUND UM WEIHNACHTEN

Weihnachten ist für viele das wichtigste aller Feste und hat als solch eminentes Ereignis im Laufe der Zeit und an den verschiedensten Orten auch zu vielen unterschiedlichen gesetzlichen Regulierungen geführt. Einige dieser Weihnachtsgesetze sind nachvollziehbar. Andere muten aus unserer heutigen Sicht eher seltsam bis befremdlich an. Tatsächlich gibt es sogar Länder, in denen Weihnachten beziehungsweise das Feiern des Weihnachtsfestes gesetzlich verboten ist.

Allerdings aktuell nur drei. Denn sogar im streng islamischen Saudi-Arabien oder im streng atheistischen China wird das fröhliche Feiern Ende Dezember zwar nicht direkt gefördert, aber auch nicht rundheraus untersagt. Und in Israel ist Weihnachten trotz mehrheitlich jüdischer und muslimischer Bevölkerung sogar ein wichtiger Wirtschaftsfaktor im Rahmen des Tourismus, *siehe*

Kapitel 19. Sogar in Nordkorea ist Weihnachten nicht verboten, obwohl das in dieser totalitären kommunistischen Diktatur naheliegend wäre. Denn dort herrscht keine tatsächliche Religionsfreiheit. Weil sich das Regime allerdings nach außen entgegen aller tatsächlichen Umstände gern liberal und tolerant präsentiert, gibt es einige pro forma Kirchen, die immer wieder Gottesdienste abhalten, wenn auch keine Weihnachtsfeiern. Nach vorliegenden Daten wissen etwa 95 Prozent der Bevölkerung nicht einmal von der Existenz von Weihnachten. Das Fest ist jedenfalls nicht explizit untersagt.

Tatsächlich gesetzlich und bei Strafe untersagt ist das Feiern von Weihnachten in nur drei Ländern. Zwei davon liegen in Asien, eines in Afrika. Zu letzterem zuerst. Somalia liegt am sogenannten Horn von Afrika im Osten des Kontinents. Die religiösen Oberhäupter des islamischen Landes fürchten eine Abkehr vom Glauben, wenn Muslime Weihnachten feiern. Was sie übrigens in anderen islamischen Ländern, etwa in der Türkei, durchaus tun. Denn Jesus gilt im Islam zwar nicht als Erlöser, aber immerhin als wichtiger Prophet.

Dennoch ist auch im Sultanat Brunei, ein Kleinstaat auf der Insel Borneo im südchinesischen Meer, das Feiern von Weihnachten aus denselben Gründen verboten. Für das Singen von Weihnachtsliedern oder das festliche Dekorieren des Hauses oder der Wohnung drohen bis zu 20.000 Dollar Strafe – oder sogar fünf Jahre Haft. (Was man vielleicht nachvollziehen kann, wenn einem

das Lied »Last Christmas« zu oft um die Ohren geknallt wird.)

Der letzte Staat, in dem das Christfest untersagt ist, Tadschikistan, liegt in Zentralasien. Tadschikistan ist eine ehemalige Sowjetrepublik, die seit 1991 unabhängig ist. Bereits im Jahr 2013 wurde die Darstellung und Verwendung der Figur von Väterchen Frost, dem russischen Weihnachtsmann, untersagt – und seit 2017 sind auch Weihnachtsbäume, eine Bescherung und einige andere Feierlichkeiten rund um Weihnachten verboten. Gleichzeitig wurden Neujahrsbräuche wie Festessen oder Silvesterfeuerwerk untersagt. Das bedeutet in diesem Fall, dass auch eine kleine, seit der DDR-Zeit dort lebende deutschsprachige Minderheit das Fest nicht feiern darf. Allerdings werden Vertreter dieser Minderheit manchmal von der deutschen Botschaft zu einer Weihnachtsfeier in deren Räumlichkeiten eingeladen. Die, da es sich bei der Botschaft natürlich um exterritoriales Gebiet handelt, nicht untersagt werden kann.

Im Laufe der Zeit haben übrigens nicht nur nicht-christliche Länder das Feiern von Weihnachten zeitweise untersagt. So wurde etwa in England unter der Regierung von Oliver Cromwell das Weihnachtsfest vom englischen Parlament im Jahr 1644 verboten. Zu dieser puritanischen Zeit sah man das Geburtstagsfest von Jesus als heidnischen Brauch an, da sein Geburtsdatum in der Bibel nicht explizit erwähnt wird. Und wenn man sich die Geschichte des Weihnachtsfestes ansieht *(siehe Kapi-*

tel 7), dann kann man nicht umhin, den Briten von damals zuzugestehen, dass darin ein Körnchen Wahrheit liegt. Außerdem war der puritanischen Regierung noch etwas anderes ein Dorn im Auge: Die Weihnachtsfeierlichkeiten wurden bereits damals von vielen sehr exzessiv und mit heftiger Alkoholbegleitung begangen, was gar nicht in das vorherrschende prüde Weltbild passte. Infolge dieser Regelung wurde im Jahr 1659 durch eine puritanische, lokale Regierung Weihnachten im amerikanischen Massachusetts, damals noch eine englische Kolonie, ebenfalls verboten. Beide Verbote wurden jedoch im Laufe der folgenden Jahre aufgeweicht und schließlich ganz aufgehoben. Etwa 100 Jahre später, Mitte des 19. Jahrhunderts, hatte sich das Fest in England sogar fester denn je etabliert.

Neben den Puritanern lehnten auch die im Gebiet von Neuengland lebenden Unitarier, beides protestantische Glaubensrichtungen mit strenger Hinwendung zur Heiligen Schrift und weg von katholischer Tradition und Papsttum, das Feiern von Weihnachten aus religiösen Gründen bis ins 19. Jahrhundert ab. Diese Einstellung strahlte durchaus auf die sich gerade entwickelnde amerikanische Republik ab. Ein staatlicher Feiertag wurde das Fest in den USA erst ab 1856.

Abgesehen von kompletten Verboten gibt es auch eine ganze Reihe von Einschränkungen, die lokal für den 24. oder 25. Dezember galten oder gelten. Unterschiedliche an verschiedenen Stellen der Welt – aber durchaus

auch im deutschsprachigen Raum. So gab es besonders in katholischen Gegenden noch vor wenigen Jahrzehnten strikte Bestimmungen rund um mehrere christliche Feiertage. Besonders streng waren die Regelungen für Allerheiligen. An diesem Tag mussten Theater, Kinos, Bars und andere Orte der Lustbarkeit geschlossen halten und sogar im Radio durfte nur langsame und getragene Musik gespielt werden.

Nachdem es sich bei Weihnachten allerdings um ein fröhliches Fest handelt, waren und sind die Einschränkungen rund um diesen Tag meist nicht so strikt. Allerdings handelt es sich nach kirchlicher Auffassung um einen sogenannten »stillen Feiertag«, weshalb unter anderem in der Schweiz und Bayern bis heute ein weihnachtliches Tanzverbot gilt.

Neben schrägen und religiös bedingten Regeln gibt es auch eine ganze Reihe von vernünftigen Gesetzen rund um Weihnachten. Diese beziehen sich vor allem auf arbeitszeitrechtliche Bestimmungen. Da es sich im deutschsprachigen Raum beim 24. regional um einen »Halbfeiertag« handelt und beim 25. und (bis auf Teile der Schweiz) auch beim 26. um einen Feiertag, gibt es folgerichtig eine ganze Reihe von Regeln und Regulierungen, welche Arbeit von welchen Arbeitern und Angestellten an diesen Tagen erledigt werden dürfen oder müssen.

Diese Art nüchterner Gesetze gehört allerdings naturgemäß eher nicht zu den Themen dieses Buches. Mit vielleicht einer Ausnahme. Es gibt nämlich eine recht spe-

zielle gesetzliche Regelung, die die betrieblichen Weihnachtsfeiern betrifft. Da es sich bei einer Betriebsweihnachtsfeier nämlich um eine Veranstaltung im Rahmen des Arbeitsumfelds handelt, gilt hier auch der betriebliche Versicherungsschutz, etwa bei Unfällen. Allerdings nicht unbegrenzt. Genauer gesagt geht es darum, wie viele Angestellte noch anwesend sind. Sind bis zu 20 Prozent der Anwesenden Angestellte der Firma, gilt die Feier in Deutschland noch als betriebliche Veranstaltung. Danach als ein privates Fest – und der betriebsweihnachtsfeierliche Versicherungsschutz erlischt.

In den USA, genauer gesagt in San Diego, gibt es ebenfalls eine weihnachtliche Regelung spezieller Art: Der Weihnachtsschmuck muss bis spätestens 2. Februar von den Häusern entfernt werden. Danach droht eine Strafe von 250 Dollar. Das Datum ist übrigens nicht willkürlich gewählt. Auch bei uns wird unter gläubigen Christen der Weihnachtsschmuck bis spätestens zu diesem Datum – der 2. Februar ist Maria Lichtmess – abgenommen. Obwohl das viele schon nach dem 6. Januar, dem Fest der Heiligen Drei Könige, tun.

Manchmal besteht auch der Wunsch nach einer gesetzlichen Regelung, die es (vorerst) noch nicht gibt. So ergab eine Umfrage in Deutschland im Jahr 2014, dass 31 Prozent der Befragten für ein Verbot von »frühzeitigen Weihnachtsangeboten« sind. Sogar 47 Prozent der Befragten gaben an, zu früh präsentierte Weihnachtsware würde ihnen die Vorfreude auf das Fest verderben.

Und die überwiegende Mehrheit von 63 Prozent meinte, sie seien von Weihnachtsgebäck und anderen weihnachtlichen Naschereien, die bereits im September angeboten werden, genervt. Gefordert wurde in der Umfrage ein Beginn von weihnachtlichen Angeboten im Handel ab frühestens November. Vertreter des Handels wollten davon allerdings nichts wissen, da sie nach eigenen Angaben bereits im September und Oktober ein Drittel ihres Jahresumsatzes mit weihnachtlichen Produkten machen. Diesem frommen Wunsch der Bevölkerung wurde bisher nicht nur nicht Folge geleistet, manche Supermarktketten bieten Lebkuchen mittlerweile im August an …

Auch Ostereier oder andere festtägliche Produkte wie Schokonikoläuse gibt es gut und gern zwei Monate vor dem tatsächlichen Fest. Was gerade bei Schokoladeostereiern und anderen österlichen Naschereien aus religiöser Sicht besonders bedenklich ist, da damit die Hauptverkaufszeit statt auf die letzten Tage der Fastenzeit mit der gesamten zusammenfällt. Ein Widerspruch.

Übrigens galt auch die Adventszeit früher als Fastenzeit und wird auch von manchen christlichen Religionen noch als solche betrieben. In unseren Breiten ist das allerdings schon lange nicht mehr üblich, was sich auch in den flächendeckenden Weihnachtsmärkten, Punschständen und öffentlichen sowie privaten Adventskränzchen zeigt.

Zuletzt eine Warnung an alle Frauen, die möglicherweise vorhaben, sich rund um Weihnachten im US-Bundesstaat Minnesota aufzuhalten und sich dort der Stim-

mung der Adventszeit ausgelassen hinzugeben. Denn in Minnesota ist es Frauen gesetzlich verboten, öffentlich verkleidet als Weihnachtsmann aufzutreten. Darauf stehen immerhin 30 Tage Gefängnis.

9

JAUCHZENDER JUBELGESANG RUND UM DEN BAUM – TRADITIONELLE WEIHNACHTSLIEDER

Weihnachtslieder gehören traditionell vor allem an zwei Orte. Zum einen in die Kirche, wo bestimmte Kirchenlieder entweder speziell von den Geschehnissen in Betlehem handeln oder vor allem rund um Weihnachten gesungen werden. Zum anderen ins eigene Heim, ins Haus, in die Familie, wo die dort Versammelten gemeinsam mehr oder weniger stimmgewaltig bekannte Melodien intonieren – oder der eine oder andere Nachwuchs tapfer versucht, das eine oder andere Werk auf dem einen oder anderen Instrument, bevorzugterweise Klavier oder Blockflöte, zusammenzustückeln. Eine Vereinigung von beidem (vor allem in ländlichen Gebieten) sind weihnachtliche Umzüge mit volkstümlicher Liedbegleitung, die durch das Dorf oder auch von Haus zu Haus führen. Und meistens gehört auch das Singen in geselliger Runde bei Bekannten- und Verwandtenbesuchen dazu.

Allerdings lassen sich nicht nur dort die kirchliche, nichtkirchliche, familiäre und volksmusikalische Tradition kaum voneinander trennen. Profane, also nichtkirchliche Lieder, wie das vom Tannenbaum, werden auch schon mal vom Kirchenchor gesungen und so manches Kirchenlied, vielleicht sogar in Latein, schafft es immer wieder ins Repertoire der privaten Feiern. Auch populäre Sänger jeder Provenienz und jedes Genres singen bekannte Weihnachtslieder immer wieder gern. Womit jetzt nicht weihnachtliche Popsongs gemeint sind, die werden an *einer anderen Stelle dieses Buches im Kapitel 20* gesondert behandelt. Nein, auch ganz normale, waschechte Weihnachtslieder. Soll heißen, von Popkünstlern bis Rockstars, von Knabenchören bis zu Schlagersängern, von volkstümlichen bis zu echten Volksmusikern: Fast jeder prominente Trällerer und jede bekannte Combo nehmen im Laufe ihrer Karriere mindestens einen Tonträger mit bekannten Weihnachtsmelodien auf. Und in jedem Haushalt im deutschsprachigen Raum, in dem sich noch alte LPs finden, staubt unter Garantie eine derartige Platte von Heintje, Heino oder Peter Alexander vor sich hin. Ja, sogar Sänger und Sängerinnen aus dem Bereich der Klassik verewigten und verewigen gern Weihnachtsstandards aus mehreren Jahrhunderten bis zur Gegenwart reichend auf diversen Tonträgern. Kurz: Weihnachtslieder sind (vor Weihnachten) allgegenwärtig. Und es gibt unzählige!

Das bekannteste unter ihnen ist dabei ohne jeden

Zweifel »Stille Nacht, heilige Nacht«, weshalb diesem Lied am Ende des Buches das *ausführliche Kapitel 24* gewidmet ist.

Auf den Rängen hinter dem Champion der Champions, dem ewigen Anführer der Bestenliste, folgt eine (himmlische) Heerschar beliebter und vielgestaltiger weihnachtlicher Evergreens. Zu jedem einzelnen davon ließe sich eine ganze Menge sagen, seine Herkunft, seine Verbreitung, Veränderungen des Textes im Laufe der Zeit … aber wir wollen es für dieses Kapitel bei einem Überblick des heimischen weihnachtlichen Liedguts belassen. Und damit uns keine Klagen kommen: Einige davon sind streng genommen keine Weihnachtslieder, sondern gehören in die Vorweihnachtszeit und besingen nicht die Geschehnisse rund um das Christfest, sondern die Adventszeit oder das baldige Kommen des heiligen Nikolaus. Oder einfach den Winter. Da jeder seine eigenen Favoriten hat und wir die Lieder nicht werten wollen, ist die Liste alphabetisch. Und freilich ohne jeglichen Anspruch auf Vollständigkeit.

* *Ach bittrer Winter*
* *Advent, Advent, ein Lichtlein brennt*
* *Alle Jahre wieder*
* *Als ich bei meinen Schafen wacht*
* *Am Weihnachtsbaum die Lichter brennen*
* *Christum wir sollen loben schon*
* *Das Volk, das noch im Finstern wandelt*
* *Der Christbaum ist der schönste Baum*

- *Der Heiland ist geboren*
- *Der Morgenstern ist aufgedrungen*
- *Ein Kind geborn zu Bethlehem*
- *Epiphanias (nach Goethe)*
- *Es ist ein Ros entsprungen*
- *Es ist für uns eine Zeit angekommen*
- *Es kommt ein Schiff geladen*
- *Freu dich, Erd und Sternenzelt*
- *Fröhlich soll mein Herze springen*
- *Fröhliche Weihnacht überall*
- *Gottes Sohn ist kommen*
- *Herbei, o ihr Gläubigen*
- *Ich lag und schlief, da träumte mir*
- *Ich steh an deiner Krippen hier*
- *Ihr Hirten, erwacht!*
- *Ihr Kinderlein kommet*
- *In dulci iubilo*
- *Joseph, lieber Joseph mein*
- *Kling, Glöckchen, klingelingeling*
- *Kommet, ihr Hirten, ihr Männer und Frau'n*
- *Lasst uns froh und munter sein*
- *Leise rieselt der Schnee*
- *Macht hoch die Tür*
- *Maria durch ein Dornwald ging*
- *Morgen, Kinder, wird's was geben*
- *Morgen kommt der Weihnachtsmann*
- *Morgenstern der finstern Nacht*
- *O du fröhliche*

- *O Heiland, reiß die Himmel auf*
- *O Tannenbaum*
- *Schlaf wohl, du Himmelsknabe du*
- *Schneeflöckchen, Weißröckchen*
- *Sei uns willkommen, Herre Christ*
- *Still, still, still*
- *Stille Nacht, heilige Nacht*
- *Süßer die Glocken nie klingen*
- *Tochter Zion, freue dich!*
- *Vom Himmel hoch da komm ich her*
- *Wer klopfet an?*
- *Wir sagen euch an den lieben Advent*
- *Zu Bethlehem geboren*

Diese Lieder sind – bis auf den lateinischen Eindringling – durchgehend in Hochdeutsch gehalten. Obwohl manche davon einen sehr eindeutigen regionalen Ursprung haben und manche davon aus anderen Sprachen übersetzt sind. Dazu gesellen sich noch Lieder in verschiedenen Dialekten. Teilweise sind diese nur in ihrem eigenen Sprachraum bekannt, manche haben es allerdings auch zu allgemeiner Bekanntheit gebracht. So sind das aus Schlesien stammende Lied *Kleenes Kindla, gruußer Goot* und das österreichische *Es wird scho glei dumpa* durchaus überregional bekannt. Auch in der Schweiz gibt es eigene Werke in Schweizerdeutsch sowie auch Weihnachtslieder, die meist in die inoffizielle Landessprache der Deutschschweiz übertragen gesungen werden. In beide Katego-

rien gehören etwa *Das isch de Stern vo Bethlehem*, *'S isch heilige Wiehnachtszyt*, *Was isch das für e Nacht*, *Was isch das für es Liechtli*, *Was tripp tripp trippelet*, *Wohl mitts i dr Nacht* oder auch *Es schneielet, es beielet*, *Zäller Wiehnacht* oder *Am Himmel vo der Wält*.

Ein ganz spezieller Bereich sind Weihnachtslieder aus der Zeit des nationalsozialistischen Deutschen Reichs beziehungsweise aus der DDR. In beiden Ländern waren christliche Weihnachtslieder aus ideologischer Sicht nicht gern gesehen, wenn auch nie ganz verboten. Vielmehr versuchte man die winterlichen Lieder, die nicht explizit auf einen christlichen Zusammenhang hinwiesen, zu stärken und versuchte in diesem Zusammenhang auch eigene Neukreationen durchzusetzen. Unter der Nazidiktatur gab es dabei sowohl Neuschöpfungen, wie das Lied *Hohe Nacht der klaren Sterne* oder auch um ihre christlichen Bezüge beraubte Umdichtungen wie *Es ist für uns eine Zeit angekommen*. In der DDR waren das Lieder wie *Tausend Sterne sind ein Dom*, *Sind die Lichter angezündet* oder *Vorfreude, schönste Freude*.

Viele Weihnachtslieder wurden quer durch die Jahrhunderte, quer durch alle Regionen übernommen und quer durch alle Sprachen übersetzt und, wie schon erwähnt, sind auch viele bekannte deutsche Lieder eigentlich Übersetzungen. Ein neuer Trend ist, fremdsprachige Weihnachtslieder in der Originalsprache zu singen. Dazu gehören natürlich vor allem Lieder aus dem bei uns kulturell dominierenden englischen Sprachraum, die im anglo-

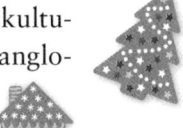

phonen Raum als »Carols« bezeichnet werden. Gemeint sind damit nicht Popsongs, sondern klassische Weihnachtslieder wie *O Little Town of Bethlehem*, *The First Noel*, *I Saw Three Ships Good King Wenceslas*, *Little Drummerboy*, *Hark! The Herald Angels Sing*, *Deck the Halls*, *O Come All Ye Faithful*, *Joy to the World*, *We Wish You a Merry Christmas* oder das besonders lange *The Twelve Days of Christmas*. Diese Liste wird manchmal auch durch Spirituals wie *Kumbaya my Lord* ergänzt, die zwar religiöse Inhalte transportieren, aber nicht unbedingt direkt mit Weihnachten zu tun haben.

Das nichtreligiöse und gern gesungene Winterlied *Jingle Bells*, das in unseren Ohren eher wie ein moderner Popsong klingt, stammt übrigens tatsächlich aus der Mitte des 19. Jahrhunderts und ist damit genauso alt oder sogar älter als viele unserer heimischen traditionellen Weihnachtslieder. Im Gegensatz dazu ist das bei uns gern intonierte spanische *Feliz Navidad* nicht traditionell, sondern ein 1970 von José Feliciano verfasstes Lied. Allerdings ist es auf dem besten Weg, tatsächlich ein Volkslied zu werden.

Zu all diesen Liedern gesellen sich noch bekannte Weihnachtsmelodien ohne Text. Denn fast jeder namhafte klassische Komponist hat das eine oder andere Weihnachtslied oder sogar Weihnachtsoratorium hinterlassen. Auch hier ist gerade ein englisches Lied bei uns sehr bekannt und beliebt: *The Carol of the Bells*.

Weihnachtslieder haben das eingangs erwähnte Um-

feld von Kirche und Familie schon lange verlassen. Radiostationen in aller Welt spielen spätestens ab Beginn der Adventszeit regelmäßig und auf den 24. Dezember zustrebend mit immer höherer Frequenz Weihnachtslieder – je nach Sender sowohl klassisch und/oder Pop. In Kaufhäusern wird die Kaufhausmusik durch weihnachtliches Liedgut getauscht und auch auf den Straßen, zumindest in der Gegend rund um Weihnachtsmärkte, erklingen die fröhlich-besinnlichen Weisen. Von einschlägigen Schulaufführungen ganz zu schweigen.

Und manchmal verlassen die Lieder das weihnachtliche Umfeld sogar gänzlich. So ist das Lied *O Tannenbaum* die offizielle Hymne der US-Bundesstaaten Maryland (*Maryland! My Maryland!*), Florida (*Florida, My Florida*), Michigan (*Michigan, My Michigan*) und Iowa (*The Song of Iowa*). Letzteres mit dem leicht lallend klingenden Text »O Iowa, O Iowa«.

10

ADVENTSBLASEN, WEIHNACHTSGURKEN UND LUZIENWEIZEN – ALTE BRÄUCHE IN DEUTSCHLAND, ÖSTERREICH UND DER SCHWEIZ

Das Weihnachtsfest, wie wir es heute kennen, als Familienfest mit gemeinsamem Essen und Geschenken, hat sich erst im 19. Jahrhundert etabliert. Und auch da zuerst nur in den gutbürgerlichen Schichten. Wie an anderen Stellen in diesem Buch beschrieben, wird Weihnachten durchaus schon viel länger, nämlich schon seit den ersten Jahrhunderten nach Christi gefeiert – nur eben anders. So weit wollen wir in diesem Kapitel allerdings gar nicht zurückblicken, sondern eher Bräuche beleuchten, die noch vor einigen Generationen im deutschsprachigen Raum üblich waren und in manchen Fällen noch regional gepflegt – oder erst in der letzten Zeit von dem einen oder anderen Kulturverein oder Tourismusbüro absichtlich wiederbelebt wurden.

Durch die größere räumliche Trennung der Menschen in früheren Zeiten – mangels Massenverkehrsmitteln waren viele Regionen wesentlich isolierter, manchmal sogar komplett abgeschieden – hat sich im Laufe der Jahrhunderte eine geradezu unübersehbare Vielzahl an lokalen Bräuchen entwickelt. Manche von diesen sind über lange Zeit fast unverändert geblieben, manche haben sich gewandelt; manche wurden an andere Regionen weitergegeben und haben sich so verbreitet – und dabei wiederum verändert. Und manche sind ganz ausgestorben. Ganz ähnlich der natürlichen Evolution im Tier- und Pflanzenreich.

Die folgenden Beispiele können und wollen daher nichts anderes als eine Bestandsaufnahme einiger besonders interessanter Traditionen dieser unübersehbaren Vielfalt sein. Weihnachtsbräuche und Bräuche im Advent lassen sich dabei nicht immer trennen. Zwar gibt es viele Feiern, die mit einem fixen Datum verbunden sind, etwa dem Gedenktag eines oder einer Heiligen, andere werden zu unterschiedlichen Zeitpunkten begangen, abweichend von Region zu Region, wobei sich der Bogen von vor der eigentlichen Adventszeit bis nach dem Fest der Heiligen Drei Könige spannt.

Historisch gesehen hat das Weihnachtsfest ursprünglich genau zur Wintersonnenwende stattgefunden. Das hat sich im Lauf der Zeit geändert *(siehe Kapitel 7)*. Dennoch wurde und wird im Brauchtum auch die tatsächlich längste Nacht des Jahres im Rahmen der Adventsbräu-

che gefeiert. Rund um die sogenannte Thomasnacht vom 20. auf den 21. Dezember, die als ein sogenannter Lostag gilt, ranken sich viele alte Bräuche. Und einige davon haben besonders im Alpenraum auf die eine oder andere Weise mit einem Blick in die Zukunft im Sinne eines Orakels zu tun. Der Name Thomasnacht, der auf einen speziellen Heiligen verweist, ist nur als Datumsangabe zu verstehen. Denn die Rituale sind durchgehend eher abergläubischen, heidnischen oder sogar vorchristlichen Ursprungs.

Eines davon funktionierte folgendermaßen: Eine oder auch mehrere Familien trafen einander privat oder in einem Gasthaus, wo unter neun Hüten neun verschiedene Symbole oder Gegenstände lagen. Je nach Region war (und ist) dieser Brauch unter anderem als »Hüatl heben«, »Lassln« oder »Lösseln« bekannt. Dabei darf jeder Anwesende einen Hut anheben und so erfahren, was ihn wohl im nächsten Jahr erwartet. Danach werden die Gegenstände unter den Hüten wieder neu verteilt. Symbolisch steht dabei zum Beispiel ein Ring für Verlobung oder Heirat, eine Puppe für Nachwuchs, ein Buch für Lernen oder beruflichen Aufstieg ... und ein Kamm für lausige, schlechte Zeiten. Der Vorgang wird für jeden Anwesenden dreimal wiederholt. Erwischt man dabei mehrmals dasselbe Symbol, steigt angeblich die Wahrscheinlichkeit, dass die Voraussage zutreffen wird. Bei dreimaligem Ziehen des gleichen Symbols gilt sie sogar als sicher.

Eine andere alte prophetische Tradition wurde am Abend des 20. Dezember von ledigen Mädchen begangen. Es handelt sich um das sogenannte Baumbefragen. Dabei ging es weniger darum, ob sich überhaupt ein Mann für die Fragende finden wird, sondern darum, wohin, also in welche Himmelsrichtung, sie wohl verheiratet werden wird. Dafür ging das Mädchen ins Freie zu einem Obstbaum, schüttelte ihn und sprach dabei (ins Hochdeutsche übersetzt): »Bäumchen, ich schüttle dich, Bäumchen, ich rüttle dich, hast du keinen Mann für mich?« Das musste die junge Frau so lange tun, bis irgendwo ein Hund bellte. In die Richtung dieses Bellens, so hieß es, würde sie später heiraten. Andere Orakelbräuche wären noch das Widdergreifen, das Sterngucken und das Häferlflicken (Häferl = Töpfchen).

Sehr wohl christlichen Ursprungs ist dagegen der Brauch des Herbergsuchens, das auf die eine oder andere Art in vielen Teilen des deutschsprachigen Raums bekannt war. Dabei wird auf verschiedene Arten nach einer Übernachtungsmöglichkeit für Maria (und Josef) gesucht, was an die Geschehnisse in der Nacht vor der Geburt von Jesus erinnern soll. Einer der möglichen Abläufe war folgender: Noch vor Beginn der Adventszeit wurden vom Pfarrer eine oder mehrere Routen durchs Dorf festgelegt, um jedes Haus, jede Familie zu berücksichtigen. Am ersten Adventssonntag wurden sodann Bilder oder auch Statuen von Maria, manchmal als »Wandermadonna« bezeichnet, vom Pfarrer gesegnet und auf den Weg

geschickt. In einer Prozession wurden sie von der jeweiligen Gruppe zum jeweils ersten Haus getragen. Dort wurden verschiedene Rituale abgehalten wie Gebete oder das Singen von Marienliedern. Danach stellte man diese Abbilder von Maria im Haus auf einen eigens dafür hergerichteten kleinen Hausaltar. Am nächsten Tag wurden die Abbilder wieder abgeholt und ins nächste Haus der Route getragen – wo sich das ganze Ritual wiederholte. Bis schließlich die letzte Familie die Statue oder das Bild am Heiligen Abend zurück in die Kirche brachte. Je nach Region wurde das Ritual verschieden abgehalten, manchmal blieb die Madonna drei Tage in einem Haus und wer sie weitertrug und ob und wie dann gefeiert wurde, variierte von Ort zu Ort. Der Brauch war auch unter den Namen »Frauentragen« oder »Josephtragen« bekannt, da manchmal auch Bilder der gesamten Heiligen Familie weitergegeben wurden. Mancherorts wurde diese Wanderung auch nur an den letzten neun Tagen vor Weihnachten durchgeführt. Anderswo setzte sie sich auch über Weihnachten hinaus bis zu Maria Lichtmess (2. Februar) fort, dem offiziellen Ende des Weihnachtskreises.

Eine Tradition, die ebenfalls an die Herbergssuche erinnerte, war das heute nur noch sehr selten durchgeführte »Anklöckeln« oder »Anklöpfeln«. Dabei zog eine Gruppe von Kindern oder Sängern, manchmal passend verkleidet, an den drei Donnerstagen vor Weihnachten (die sogenannten Klöpfleinsnächte) von Haus zu Haus. Sie sangen dabei Lieder, trugen Gedichte vor und baten

symbolisch um Einlass. Den bekamen sie zwar nicht, aber meist eine Belohnung, bevor sie zum nächsten Haus weiterzogen. Aus Deutschland ist die Variante bekannt, bei der die von Haus zu Haus Ziehenden traditionell arme Leute waren, die nach dem Vortragen von Gedichten oder dem Erzählen von Geschichten einen Teil vom Abendmahl oder Festtagsessen der Familie erhielten.

Als ausgestorben galt bis vor ein paar Jahren der Brauch des »Kindleinwiegens«. Er stammt aus dem Mittelalter, galt damals als einer der wichtigsten der Weihnachtszeit und wurde folgendermaßen begangen: In die Kirche wurde eine Wiege mit einer Figur des neugeborenen Jesus (aus Holz oder Wachs) gelegt. Zu Weihnachten versammelte sich die Gemeinde rund um die Krippe, um gemeinsam aus Freude über die Geburt des Heilands Weihnachts- und Wiegenlieder wie etwa »Joseph, lieber Joseph mein« zu singen. Kinder durften dabei sogar um die Wiege herumtanzen. Überhaupt standen die Kinder hier im Mittelpunkt, nur sie durften das Christuskind in der Wiege auch tatsächlich wiegen. Der Brauch dürfte von Oberösterreich ausgegangen sein und war vor allem in der Gegend um Augsburg sehr beliebt. Das »Kindleinwiegen« wurde später auch in privaten Haushalten durchgeführt und gilt als einer der Vorläufer der Krippen in Kirchen und daheim. Das Wiegen selbst ist heute kein verbreiteter Weihnachtsbrauch mehr, wird aber seit 2012 in einer Kirche in Klosterneuburg wieder durchgeführt.

Einer der Bräuche rund um Weihnachten, der nie

ganz verschwunden war und gerade in den letzten Jahren als – weniger religiöses und mehr esoterisches – Ritual wieder an Boden gewinnt, ist das Räuchern. Dabei wurden und werden Räume, das ganze Haus und in ländlichen Regionen auch der Stall mit verschiedenem Räucherwerk rituell ausgeräuchert. Meist wurde das Ritual vom Familienoberhaupt durchgeführt. Verwendet wurden dafür verschiedene Mischungen von brennbarem Material. Natürlich Weihrauch, aber auch aus der Osterzeit aufbewahrte geweihte Palmzweige und Kräuter (Kräuterweihe). Im bäuerlichen Bereich wurde außerdem den Hoftieren das Maul mit geweihtem Salz eingerieben, die sogenannten Maulgaben. Das Ziel war dabei in allen Fällen, Teufel und Dämonen zu vertreiben oder abzuhalten. Als besonders geeignet für das Räuchern galten hier die Raunächte, zwölf Nächte rund um die Sonnenwende, die allerdings regional unterschiedlich gezählt werden. Als besonders wichtige Raunächte gelten die Thomasnacht (21.12.), die Christnacht (24.12.), die Silvesternacht und die Dreikönigsnacht. Neben dem Vertreiben des Bösen sollte gleichzeitig auch das Gute herbeigelockt werden, soll heißen: der Segen Gottes. Bei den moderneren Schamanen, neo-heidnischen Priestern oder auch einfach nur privaten Räucherern wird das Ganze heute ein wenig umgedeutet. Statt Teufel und Dämonen sollen schlechte Energien oder Negativität aus dem Haus oder der Wohnung vertrieben werden. In einer der Varianten musste die Räucherung volle zwölf Tage lang, und zwar

zwischen dem 25. Dezember und 6. Januar, jeden Tag in und um das Haus beziehungsweise den Hof aufrechterhalten werden, das Haus sozusagen ständig von Rauch umgeben und durchdrungen sein.

Eine andere Möglichkeit, das Vieh vor Dämonen und anderen bösen Geistern zu beschützen, war, das Weihnachtsessen gemeinsam mit den Hoftieren zu verbringen und sie ebenfalls mit dem zubereiteten Festmahl zu füttern. Manchmal wurden die Tiere dafür sogar in die gute Stube geführt. Und auch für Wildtiere, als Räuber von Vieh oder Vertilger von Feldfrüchten oft Feinde der Bauern, wurde am Heiligen Abend Futter außerhalb des Hauses bereitgestellt, mit dem Hintergedanken, dass diese Gabe sie davon abhalten sollte, den Hof im folgenden Jahr heimzusuchen.

Zu den vorweihnachtlichen Bräuchen zählen auch solche, bei denen verschiedene Zweige zum Blühen gebracht werden sollen, aber dazu siehe *Kapitel 17 über aktuelle Bräuche*. Eine Variante davon, die im Zusammenhang mit der Heiligen Lucia, der Lichtvollen steht, gilt heute jedoch als größtenteils vergessen. Es handelt sich um den sogenannten Luzienweizen. Dabei werden im Advent Weizenkörner in einen Teller gelegt und mit Wasser begossen. Der Teller wird dann an einer warmen und geschützten Stelle aufbewahrt. Ähnlich zum Brauch mit den Zweigen hofft man hier auf das Aufgehen der Körner. Im Idealfall entsteht sogar eine kleine grüne Wiese, in die man sodann eine Kerze stellt und anzündet. Sowohl das

Grüne als auch das Licht gehören dabei zu den vielen verwandten Traditionen rund um die dunkelste, dürrste und kälteste Zeit des Jahres. Begangen wurde diese Tradition am namensgebenden Luciatag (13. Dezember), manchmal gab man den Körnern aber auch etwas mehr Zeit zum Sprießen und begann das Ritual bereits am Barbaratag (4. Dezember). Folgerichtig sprach man in diesem Fall vom Barbaraweizen.

Eine umgekehrte Variante dieses Brauchs war das Christ-Rogge-Säen. Dabei wurde in der als segensreich geltenden Christnacht Saatgut, meistens eben Roggen, eingepflanzt. Dies sollte zu allen möglichen Arten von guten Dingen für den Bauernhof führen – von allgemeinem Segen über Fruchtbarkeit bis hin zu doppelten Ernteerträgen.

Es gibt noch weitere Traditionen, bei denen es um Geld und Wohlstand geht. Etwa der Brauch, sich am Weihnachtsmorgen mit eiskaltem Wasser zu waschen, in das zuvor einige Münzen gelegt wurden, um sicherzustellen, dass einem im nächsten Jahr das Geld nicht ausgeht.

Ein in Oberbayern noch existierendes altes Ereignis ist der »Buttnmandllauf«. Dieser dem Perchtenlauf verwandte Brauch besteht aus einer Gruppe von Dämonen (die verkleidete Dorfjugend), nämlich den Buttenmandln, in einem hauptsächlich aus Stroh bestehenden Kostüm inklusive Kuhglocken plus in Felle gehüllten Teufel, den sogenannten Gankerln. Diese rasen dann, nachdem sie vom ebenfalls anwesenden Heiligen Nikolaus mit Weih-

wasser bespritzt wurden, lärmend und tobend durch die Ortschaft. Sehr ähnliche Läufe wurden und werden auch in der Schweiz abgehalten, wie das durch lautes Hornblasen und Glockenschlagen begleitete »Klausjagen« am 5. Dezember.

Ein ähnlicher Schweizer Brauch ist eine Nikolausprozession mit vielen Kilogramm schweren Kuhglocken, das sogenannte »Tricheln«. Dabei sind alle Teilnehmer mit einer weißen Jacke plus Kapuze gekleidet und schwenken ihre Glocken hin und her. Andernorts veranstalten die »Trychler« und »Scheller« ihre Umzüge in den Raunächten.

Noch lauter geht es bei den in Oberbayern angesiedelten Weihnachtsschützen zu, die in der Woche vor dem Heiligen Abend an jedem Nachmittag (an anderen Orten nur an bestimmten Tagen) eine halbe Stunde lang Böller abschießen, begleitet durch das Läuten der Kirchenglocken.

Ebenfalls nicht wirklich geräuschlos war das Adventsblasen in Westfalen, bei dem junge Männer jeden Abend in der Weihnachtszeit ein sogenanntes »Dwerthorn« oder »Middwinterhorn« auf einen Zaun oder Busch legten und es so laut wie möglich bliesen. Dieser Brauch gilt heute als weitestgehend ausgestorben, allerdings werden in Westfalen vereinzelt die Weihnachtsmessen statt von der Orgel von Blasmusik begleitet.

Heute schreibt so manches Kind gern einen Brief an das Christkind oder an den Weihnachtsmann, auf dass

diese reichlich Geschenke bringen mögen. In früheren Zeiten, und in Berlin sogar bis noch vor etwa 100 Jahren, gab es eine ähnliche Tradition (vielleicht sogar ein Vorläufer) dieser Schreiben, die allerdings aus heutiger Sicht eher befremdlich bis beklemmend wirkt ... Damals schrieben die Kinder die Briefe an ihre Eltern. Aber nicht etwa, um sie um Geschenke zu bitten, sondern um sich bei ihnen für die elterliche Fürsorge des letzten Jahres zu bedanken, ihre Güte zu preisen und sie darum zu bitten, sich auch weiterhin gut um sie zu sorgen und zu kümmern. Diese Lobbriefe, in denen die Eltern freilich nicht geduzt, sondern gesiezt wurden, wurden in bester Schönschrift verfasst und teilweise noch mit Bildern und Gedichten aufgepeppt. Der Weihnachtsbrief hatte den ernsten Hintergrund, dass es früher durchaus nicht selten war, dass Eltern ihre Kinder aus Not zur Adoption freigaben oder ihren unliebsamen Nachwuchs einfach verstießen ...

Neben vielen christlichen und heidnischen Bräuchen, denen eine gewisse Magie oder Frömmigkeit innewohnt, gibt es auch einige, die man als skurril bezeichnen kann. Dazu gehört im Alpenraum etwa das sogenannte »Sauschädelstehlen« vor Weihnachten. Und das geht so: Nach dem Schlachten eines Schweines wurden die Teile zur Aufbewahrung in das Vorderhaus des Bauernhofes oder in die Selchkammer gehängt. Mit dabei auch der Kopf des Tieres. Im Ort wurde nun von verschiedenen Gruppen versucht, solche Schädel zu stehlen. Was natürlich durch

die Besitzer durch allerlei Vorrichtungen und besonders gutes Versperren der Kammern zu verhindern versucht wurde. Wenn es den Hobby-Dieben allerdings gelang, all das zu überwinden und den Sauschädel zu stehlen, wurde dieser von der erfolgreichen Räuberbande zubereitet und gemeinsam verspeist, wobei oft auch noch Spottgedichte über den Bestohlenen vorgetragen wurden. Manchmal wurde der Schädel stattdessen irgendwo feierlich präsentiert, der Bestohlene wurde zur Feier des erfolgreichen Raubzugs eingeladen und musste eine Art Auslöse bezahlen, natürlich meist in Form von Getränken.

Vegetarischer ist der Brauch rund um die Weihnachtsgurke, die noch vor ungefähr 100 Jahren eine in Deutschland reichlich gepflegte Tradition darstellte. Das Ganze wirkt ein wenig wie eine Mischung aus Weihnachten und Ostern. Die Eltern hingen dabei eine Gurke als Dekoration in den geschmückten Weihnachtsbaum. Diese war natürlich – grün auf grünem Hintergrund – eher schwer zu entdecken. Nachdem die Kinder den Raum zur Bescherung betraten, machten sich alle auf die Suche nach der Gurke. Wer sie schließlich fand, erhielt ein besonderes, zusätzliches Weihnachtsgeschenk. Es gab dafür extra hergestellte, künstliche Gurken aus verschiedenen Materialien, um nicht eine echte Essiggurke in den Baum hängen zu müssen …

Bei einem anderen Weihnachtsbrauch spielte statt einer Gurke eine Bohne die Hauptrolle. Hierbei wurde in einem speziellen Kuchen, der von der Familie gemeinsam

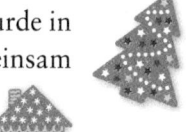

am 5. Januar, am Tag vor dem Dreikönigsfest, verspeist wurde, eine kleine Bohne versteckt. Wer diese Bohne in seinem Kuchenstück fand, wurde zum Bohnenkönig erklärt und herrschte für den Rest des Abends spielerisch über den Rest der Familie, seinen Hofstaat!

11

KONZILE, ROBOTER UND HOLIDAY ON ICE – WAS ZU WEIHNACHTEN SONST NOCH SO GESCHAH, TEIL 2: 25.12.

Nun, was ist denn am 25.12. im Laufe der Weltgeschichte noch so alles geschehen?

Im Jahr 274 kam es an diesem Tag zu einem Ereignis, ohne dem es dieses Buch vielleicht nie gegeben hätte: In diesem Jahr feierten die Römer erstmals das Fest des Sonnengottes Sol Invictus, um genau zu sein seinen Geburtstag. 62 Jahre später, 336, wird vermutlich erstmals (zumindest im Abendland) ebenfalls im Römischen Reich die Geburt Jesu Christi an diesem Tag gefeiert. *Mehr zu beidem in Kapitel 7 über die Ursprünge des Weihnachtsfestes.*

Im Jahr 800 wurde der damalige König von Frankenreich, Karl der Große, durch den Papst am Christtag in Rom zum Kaiser gekrönt. Was ähnlich wie die Papstwahlen am 24. Dezember einen Trend auslöste: 875 war

Karl der Kahle dran, 967 wurde Otto II. zum Mitkaiser gekrönt, 1046 das Kaiserpaar Heinrich III. und seine Gemahlin Agnes von Poitou.

Nicht ganz so glatt ging es 820 zu, denn da wurde der Kaiser von Byzanz Leo V. am 25. Dezember tödliches Opfer einer Verschwörung und Michael II. gekrönt.

Auch Königskrönungen wurden gern auf diesen Tag gelegt: 983 wurde Otto III. deutscher König (mit einer eigens angefertigten Kinderkrone, da er drei Jahre alt war), 1013 wurde Sven Gabelbart zum offiziellen englischen König und zum kürzesten aller Herrscher: Er starb nur 40 Tage nach der Krönung. 1066 wurde Wilhelm (der Eroberer) ebenfalls am Weihnachtstag zum englischen König gekrönt. 1076 wurde Boleslaw II., »der Kühne«, König der Polen. 1100 wurde Balduin I. erster König des »Königreichs Jerusalem«. Zwischendurch gab es eine erfolgreiche Papstwahl an diesem Tag: 1003 übernahm Papst Johannes XVIII. sein Pontifikat.

Ebenfalls in den Annalen des Weihnachtstags verzeichnet ist ein Ereignis im Jahr 1223. Nach der Überlieferung stellte der spätere Heilige Franz von Assisi an diesem Tag die Geschichte rund um die Geburt von Jesus Christus erstmals nach, und zwar mit lebenden Tieren und Menschen. Die erste lebende Krippe sozusagen.

Zur Abwechslung ein bisschen weibliche Geschichte und zwar in Form von Geburtstagen: 1424 wurden Margarethe von Schottland, 1461 die spätere skandinavische Königin Christina von Sachsen, 1494 Antoinette

de Bourbon und 1505 noch eine Christina von Sachsen, diesmal Landgräfin von Hessen, geboren.

Währenddessen: 1492 strandete das Hauptschiff von Columbus bei der Insel Hispaniola, ein Teil seiner Besatzung blieb gleich dort, gründete aus den Trümmern des Schiffes eine Siedlung – die erhielt origineller Weise den Namen La Navidad, was so viel wie Weihnachten auf Spanisch heißt *(siehe Kapitel 2)*. Dasselbe nur ohne Schiffbruch passierte 1599 noch mal in Brasilien, als Portugiesen dort die Stadt Natal gründen.

1590 fand wieder einmal eine Papstwahl statt, diesmal Pius IV.

Es scheint, dass der 25. Dezember ein auffällig häufiger Geburtstag historisch bedeutsamer Frauen der Geschichte ist. 1584 wurde Margarete (Erzherzogin von Österreich, Königin von Spanien, Portugal, Sizilien und Neapel) an diesem Tag geboren, 1720 die Mutter von Wolfgang Amadeus Mozart, Anna Maria Mozart, und 1742 schließlich Johann Wolfgang von Goethes berühmte Freundin Charlotte von Stein.

Aber auch prominente Männer wurden an diesem Tag geboren, wie zum Beispiel 1642 der berühmte Physiker Isaac Newton (der mit dem Apfel) oder 1789, etwas weniger prominent, der Sohn von Johann Wolfgang von Goethe, August.

Noch etwas Nautisches: 1643 wurde die bis heute als solche bekannte Weihnachtsinsel im Indischen Ozean entdeckt und benannt. Siehe auch im Kapitel über den

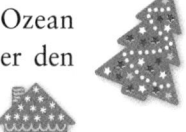

24.12. James Cook *(siehe dazu Kapitel 3)*, dessen Weihnachtsinsel im mittleren Pazifik heute allerdings auf den Namen »Kiritimati« lautet, eine der vielen, vielen weltweit verbreiteten Verballhornungen des englischen Wortes Christmas.

Eine besonders originelle weihnachtliche Überraschung ließ sich 1644 das englische Parlament einfallen, indem es anlässlich des Weihnachtsfests alle Weihnachtsfeierlichkeiten untersagte *(siehe dazu Kapitel 8)*.

Schon im September des Jahres 1683 endete die zweite Türkenbelagerung vor Wien, hatte allerdings am 25. Dezember ein Nachspiel: Der erfolglose Oberbefehlshaber der osmanischen Truppen, Kara Mustafa, wird auf Befehl seines Königs, Sultan Mehmet IV., hingerichtet.

Ebenfalls blutig ging es 1705 in der sogenannten Sendlinger Mordweihnacht zu, bei dem demokratische bayerische Aufständische von österreichischen Truppen niedergemetzelt wurden, obwohl sie vorher ihre Waffen abgelegt hatten.

Im Jahr 1734 kam es zur Uraufführung der ersten Kantate eines Kuratoriums von Johann Sebastian Bach, das passenderweise Weihnachtsoratorium hieß.

Friedlicher als in Sendlingen endete 1745 am Christtag ein anderer Konflikt, nämlich der Zweite Schlesische Krieg zwischen Österreich, Preußen und Sachsen. Als Konsequenz daraus wurde Kaiserin Maria Theresia als Herrscherin anerkannt, obwohl sie tatsächlich gar keine Kaiserin war, sondern genau genommen nur die Gattin

des »offiziellen« Kaisers Franz I. Stephan. Dieser hatte allerdings infolge in der Regierung nichts zu sagen und ließ stattdessen das Schloss Schönbrunn, die Parkanlage und den Tiergarten gestalten und bauen.

1758 kam es zu einer Sternstunde der Astronomie: Ein Komet erschien, dessen Auftauchen der Astronom Edmond Halley zuvor vorhergesagt hatte und der später seinen Namen erhält. *(Siehe auch Kapitel 14 über die Heiligen Drei Könige.)*

Weitere prominente Geburtstage: zum einen der französische Pionier des Films Charles Pathé (1863) und zum anderen der österreichische Erzbischof, Kardinal und Kurzzeitpolitiker Theodor Innitzer (1875), der während der Zwischenkriegszeit und NS-Zeit in Österreich eine bedeutende und wechselhafte Rolle spielte.

1868 wurde Enomoto Takeaki zum ersten und einzigen Präsidenten auf japanischem Boden gewählt und zwar war er Präsident der kurzlebigen Republik Ezo, die gerade einmal sieben Monate bestand.

Am gleichen Tag begnadigte der damalige Präsident der vereinigten Staaten Andrew Johnson 1868 alle Soldaten der Südstaaten Armee bedingungslos. Dass die Sache damit aber dennoch nicht vorbei war, zeigen Bürgerproteste bis in die Gegenwart …

Während es am 24. Dezember sehr oft zu größeren Katastrophen kam, war der 25. davon eher verschont. Aber es gibt Ausnahmen: 1884 kam es in Spanien (in Andalusien) zu einem Erdbeben. Dieses dauerte zwar nur

20 Sekunden, dennoch starben etwa 900 Menschen und weitere 1500 wurden verletzt.

Im Jahr 1896 wurde der Marsch »The Stars and Stripes Forever« komponiert (von John Philip Sousa), der neben dem deutlich weniger zackigen und schwungvollen, jedoch offiziellen »The Star-Spangled Banner« als eine Art heimliche US-Nationalhymne gilt.

Noch mehr prominente Weihnachtskinder: der amerikanische Schauspieler Humphrey Bogart (1899), der vielen vor allem aus »Blues Brothers« bekannte Sänger und Musiker Cab Calloway (1907), »stern«-Gründer Henri Nannen (1913) und der spätere Präsident Ägyptens sowie Träger des Nobelpreises Anwar as-Sadat (1918).

1926 folgte wieder einmal eine Kaiserkrönung und zwar die des japanischen Kaisers Hirohito. Er war bis zu seinem Tod 1989 ein ambivalenter Charakter während des Zweiten Weltkriegs und der Nachkriegszeit.

Im Jahr 1932 gab es im Nachbarland China doch noch eine gigantische Weihnachtskatastrophe. Wieder ein Erdbeben, diesmal in Gansu, bei dem etwa 70.000 Menschen starben.

1938 starb der bedeutende tschechische Schriftsteller Karel Čapek, der mit einer seiner Schöpfungen den Sprachschatz der Welt erweitert hat: Er gilt als der Erfinder des Wortes »Roboter«.

Auf und ab im Zweiten Weltkrieg: 1941 eroberte die japanische Armee am Weihnachtstag Hongkong, 1944 schloss die Rote Armee die ungarische Hauptstadt Bu-

dapest ein. Und mitten dazwischen, ausgerechnet am Höhepunkt des Zweiten Weltkriegs, fand 1943 die erste Vorstellung von »Holiday on Ice« statt. Was als regionale Hotelshow begann, wurde die weltbekannteste Eisshow-Truppe. Der Name »Holiday«, eigentlich Feiertag, erklärt sich ebenfalls aus diesem Gründungsdatum.

Zwei weibliche Christkinder: 1949, die bekannte amerikanische Schauspielerin Sissy Spacek, und 1954, die englische Sängerin und Liedschreiberin Annie Lennox.

Dazwischen, im Jahr 1952, begann der Nordwestdeutsche Rundfunk erstmals mit dem regelmäßigen Betrieb von Fernsehausstrahlungen. Was der Deutsche Fernsehfunk der DDR allerdings bereits vier Tage zuvor getan hatte.

Zwei Jahre später, 1956, starb der bedeutende Schweizer Schriftsteller Robert Walser zu Weihnachten.

Noch einmal etwas Wichtiges in Sachen Kirche, denn 1961 begann – mit der Verkündigung der apostolischen Konstitution Humanae salutis durch Papst Johannes XXIII. – das Zweite Vatikanische Konzil, das erstmals nach langer Zeit einige Reformen und Modernisierungen des katholischen Glaubens durchsetzte.

Wieder ein künstlerisches weibliches Doppelpack: 1969 wurde die deutsche »Rosenstolz«-Sängerin AnNa R. geboren, 1971 die britische Sängerin Dido.

1974: Der Zyklon »Tracy« setzte seine am Vortag begonnene Verwüstung der Stadt Darwin im Northern Territory Australiens fort. 70 Prozent der Gebäude wurden

zerstört, die Kommunikation mit der Außenwelt brach zusammen und 71 Menschen kamen ums Leben.

1977 starb Charles Chaplin am Weihnachtstag, sechs Jahre später 1983 der bedeutende spanische Künstler Joan Miró (bekannt für seine ausdrucksstarken bunten abstrakten Gemälde aus schwarzen Linien und großen Farbflecken).

Im Jahr 1979 marschierten am Weihnachtstag sowjetische Truppen in Afghanistan ein und scheitern daran, einen dort herrschenden Bürgerkrieg zu beenden.

1989 war durch den Tod von Kaiser Hirohito nicht nur in Japan ein Jahr des Wandels, sondern auch in vielen Ländern des ehemaligen Ostblocks.

Und am 25.12. des Jahres kam es zu einem der wenigen Fälle, in denen die ehemaligen kommunistischen Herrscher (Diktatoren) ernsthaft zur Rechenschaft gezogen wurden: Der rumänische Staatspräsident Nicolae Ceaușescu wurde zusammen mit seiner Frau hingerichtet.

Deutlich friedlicher wurde das Ende des Kalten Krieges zur gleichen Zeit in Deutschland symbolisch begangen: Leonard Bernstein dirigierte im Ost-Berliner Schauspielhaus die 9. Symphonie von Ludwig van Beethoven (Ode an die Freude), Ode an die Freiheit, die er zwei Tage zuvor bereits in West-Berlin zur Aufführung gebracht hatte.

Tech-News: 1990 startete einer der ersten Webbrowser namens »WorldWideWeb« (ohne Leerzeichen), später wird er in »Nexus« umbenannt, um Verwechslungen

mit dem (eigentlichen Namen des Internets) »World Wide Web« zu vermeiden.

Zuletzt noch einige Todesmeldungen zum 25. Dezember: Dean Martin (1995), die schwedische Opernsängerin Birgit Nilsson (2005), James Brown (2006), Eartha Kitt (2008), George Michael (2016) – fast schon Ironie des Schicksals, wenn man bedenkt, dass er sich als Hälfte des britischen Pop-Duos »Wham!« mit ihrem Lied »Last Christmas« auf ewig in den Kanon internationaler Weihnachts-Popsongs eingebrannt hat *(siehe Kapitel 20)*. 2019 starb der bekannte deutsche Sänger Peter Schreier am Weihnachtstag.

Mehr Tote als Geburten im Endspurt, was aber in der Natur der Sache liegt. Denn welche prominenten Persönlichkeiten in den letzten Jahren an diesem Datum geboren wurden, wird sich wohl erst in den nächsten Jahren und Jahrzehnten zeigen.

12

KEKSE, NUSS UND MANDELKERN – VON SPEKULATIUS, LEBKUCHEN UND CHRISTSTOLLEN

Die meisten heute üblichen und weltweit bekannten Traditionen und Bräuche rund um die Weihnachtszeit stammen ursprünglich aus Europa, das jahrhundertelang das bedeutendste Zentrum des christlichen Glaubens war. Und da hier Weihnachten in die kalte und dunkle Jahreszeit fällt, haben fast alle Bräuche direkt oder indirekt mit dem Winter und oft auch mit der Wintersonnenwende zu tun. Tannenzweige und andere grüne Pflanzen erinnern an wärmere Zeiten und sollen bereits den Frühling einladen; Kerzen und andere Lichter feiern die Wiederkehr des Lichts und sollen in der dunklen Zeit Trost spenden. Ja, sogar die traditionellen Weihnachtsgerichte *(siehe dazu Kapitel 23)* sowie Bäckereien und andere Süßigkeiten haben viel mit der kalten Jahreszeit zu tun. Denn egal ob Bratäpfel oder Lebkuchen, Kekse oder regionale Spe-

zialitäten wie Früchtebrote – alle verbindet zwei Themen: nahrhaft und dauerhaft. Beides erklärt sich durch die Winter in vergangen Zeiten. Zum einen stand Nahrung früher nicht das ganze Jahr über in gleicher Menge zur Verfügung und der Winter galt als besonders karg. Zum anderen forderte die Kälte dem Körper mehr ab und es wurden mehr Kalorien benötigt, um ihn auch von innen heraus warm zu halten. Außerdem ergänzen noch Kräuter verschiedener Art viele der dauerhaften und nahrhaften Weihnachtskreationen. Denn viele dieser Gewürze und Kräuter haben auch antibakterielle Wirkungen, was wiederum Schutz gegen Infektionskrankheiten bietet, die besonders im Winter, heute wie damals, oft hart zuschlagen. Das spezielle kulinarische Wintersortiment ergänzen noch Getränke wie Kräutertees oder heißer ebenfalls mit Gewürzen versetzter Alkohol, die zum Teil dieselben Funktionen erfüllen.

Viele dieser lukullischen Bräuche sind (genau wie viele andere Weihnachtstraditionen) teilweise schon um einiges älter als die Christianisierung Europas und reichen weit in die heidnische Vergangenheit zurück. Und genau so wie viele andere Weihnachtstraditionen unterliegen auch sie größeren Schwankungen und Veränderungen, Moden und Wellen – teilweise durch langsame Veränderungen vor Ort, teilweise durch Einflüsse von außerhalb, durch Reisende, Händler und neue Produkte. Mit anderen Worten: Orangen und Mandarinen und aus ihnen hergestellte Produkte konnten dem weihnacht-

lichen Speisezettel erst hinzugefügt werden, als es diese Früchte bei uns in der kalten Jahreszeit gab.

Eine der wesentlichsten Veränderungen im Laufe der Zeit betrifft den Hauptbestandteil der meisten Weihnachtsspezialitäten: den Zucker. Zucker war früher selten – lange Zeit gab es überhaupt keinen. Denn der einzig bekannte Zucker war Rohrzucker aus Zuckerrohr und der musste aus fernen Ländern importiert werden und war dementsprechend teuer. Nachgewiesen ist Zucker, obwohl er in Asien bereits seit Jahrtausenden bekannt war, in Europa daher erst seit der Spätantike. Durch das ganze Mittelalter hindurch und auch lange nach dem Beginn der Neuzeit war Zucker in Europa nur wenigen Menschen der Oberschicht vorbehalten und wurde in Apotheken verkauft! Das änderte sich erst 1747 mit der Runkelrübe. Der Berliner Chemiker Andreas Sigismund Marggraf entdeckte in diesem Jahr den Zuckergehalt in diesem Gemüse und danach noch in einigen anderen heimischen Pflanzen. Praktischerweise erfand er gleich eine Methode, diesen Zucker aus den Pflanzen herauszubekommen. Eine weitere seiner Entdeckungen war zum Beispiel der Traubenzucker, den er aus Rosinen extrahierte. Es dauerte allerdings noch ein weiteres halbes Jahrhundert, bis ein anderer Berliner Chemiker, Franz Carl Achard, eine Methode fand, Zucker breit und industriell aus Pflanzen zu extrahieren. In seinem Fall aus der Gemeinen Futterrübe. Als das bewerkstelligt war, brachen alle Dämme und Zucker

wurde (bis auf mangelvolle Kriegszeiten) zu einer überall verbreiteten und wohlfeilen Handelsware.

Freilich verzichteten Menschen in den Jahrhunderten davor keineswegs auf süße Genüsse. Zum Süßen verwendeten sie in erster Linie Bienenhonig, aber auch diverse Dicksäfte von Pflanzen. Auch getrocknete Obstsorten, die durch die Reduzierung des Wasseranteils deutlich süßer schmecken (Stichwort Rosinen), wurden gern genascht oder für Backwaren verarbeitet. Das ist auch der Grund, weshalb all diese genannten Bestandteile sich bis heute in vielen traditionellen Backwaren finden.

Über die Verwendung von Blei als Süßungsmittel, mit unangenehmen bis fatalen Nebenwirkungen, wollen wir an dieser Stelle hinweggehen. Auch weil diese Art des Süßens ebenfalls nur in höheren Kreisen üblich war.

Wenden wir uns lieber den Klassikern unter den Backwaren der Weihnachtszeit zu. Da wäre zum einen der Lebkuchen, auch Pfefferkuchen, Lebzelten oder Honigkuchen genannt. Der erste Bestandteil des Wortes Lebkuchen wird oft mit dem Wort »Leben« verbunden, allerdings besteht eher eine Wortverwandtschaft mit dem Wort »Laib«. Honigkuchen verweist auf das genannte Süßungsmittel und Pfefferkuchen auf die ebenfalls erwähnten Gewürzmittel. Auch in Übersetzungen finden sich diese Referenzen, so heißt Lebkuchen auf Französisch wörtlich übersetzt »Gewürzbrot« und auf Englisch wörtlich übersetzt »Ingwerbrot«. Die Form und Substanz der Lebkuchen sind geradezu unendlich vielgestaltig. Von

klein und rund bis groß und eckig, von weich und fluf-
fig, bis hart und brüchig, von purem gebackenem Teig bis
hin zu verziert mit Zuckerguss und belegt mit Früchten
oder Mandeln reicht die Palette der Konsistenz und zu-
sätzlichen Zutaten. Die Palette der äußeren Form reicht
von Oblaten als Unterlage über verschiedene sorgfältig
gestaltete Formen wie Lebkuchenmännchen und Leb-
kuchenhäuser bis hin zu beschrifteten oder bebilderten
Lebkuchen.

Um welche Art von Teig es sich handelt, variiert extrem je nach Art und Region, sowohl im deutschsprachigen Raum als auch international. Eines verbindet allerdings alle Lebkuchenteige, nämlich, dass sie hauptsächlich aus Honig oder anderen Süßungsmitteln sowie Mehl
bestehen. Milch, Wasser oder Fettarten werden selten
verwendet. Das ergibt einerseits die typische Konsistenz
und macht das Lebensmittel andererseits auch besonders
haltbar. Da viele Lebkuchen dazu neigen, viel zu schnell
viel zu hart zu werden, empfiehlt sich die Aufbewahrung
in Keksdosen. Manche Leute geben auch eine Apfelspalte
mit hinein, die langsam und gemächlich die Luftfeuch-
tigkeit ein wenig erhöht und so den Lebkuchen (wieder)
weich macht.

Ein anderer Klassiker sind Weihnachtskekse. Hier
gibt es sowohl Hunderte Vorlagen und Rezepte als auch
sehr individuelle nur in der Familie weitergegebene Arten.
Und auch dabei reicht die Palette von trockenen Plätzchen über solche mit hohem Nuss- oder Mandelanteil bis

zu solchen, die auch Marmelade, Schokolade oder andere weichere Bestandteile wie Marzipan enthalten. Die Vielfalt ist so groß wie die Sterne am Himmelszelt einer klaren, heiligen Nacht.

Das zeigt sich auch abseits der heimischen Kreationen in der kommerziellen Variante von Weihnachtsgebäck. Weihnachtskekse werden oft und gern nicht in reiner Sorte, sondern als Mischung angeboten und verkauft. Viele private Zuckerbäcker und Zuckerbäckerinnen sind stolz auf eine Vielfalt ihrer selbst hergestellten Backwaren und verschenken sie gern an Freunde und Bekannte. Was stellenweise zu einer ziemlichen Ansammlung unterschiedlichster Keksarten von verschiedensten Spendern führen kann.

Sehr oft tragen die Gebäcke ihren Inhalt im Namen: Haferflockenkekse, Nussecken, Butterplätzchen, Rumkugeln, Nougat-Taler, Walnuss-Herzen, Marmeladekekse, Ausstechplätzchen, Nussmakronen, Zimtsterne, Anisplätzchen, Vanille-Nougat-Herzen, Schoko-Schnuppen, Würzige Printen, Punschsterne oder Schoko-Orangen-Stangen.

Manche verweisen auf die Form. Wie Monde mit Mandel, Schwarz-Weiß-Gebäck, Bethmännchen, Weihnachtsschnecken, Dominosteine, Knopfkeks, Mandelwellen oder Kringel.

Manche eher auf Konsistenz oder Herstellung, wie bei Spritzgebäck, Schoko-Krossies oder Heidesand.

Nicht zuletzt stellt der Name manchmal auch einen

Hinweis auf die Herkunft dar, wie bei Nizzagebäck, Linzer Kipferln oder Florentinern.

Und manche sind einfach sehr fantasievoll benannt: Spitzbuben, Feenküsse, Flammende Herzen, Adventshupferl, Engelsaugen, Husarenkrapfen oder Wolfszähne.

Auch Schokolade pur hat ihren Platz in der Vorweihnachtszeit, allerdings weniger im Rahmen traditioneller Weihnachtsbackwaren. Sie findet sich in Form von Schokonikoläusen und Baumbehang. Obwohl die eine oder andere Firma auch manchmal saisonal sogenannte Weihnachtsschokoladen anbietet, die ihren Namen der Tatsache verdanken, dass hier den Schokoladetafeln – analog zu anderen Weihnachtsbäckereien – eine große Menge an getrockneten Früchten, Nüssen und Gewürzen beigesetzt wird.

Speziell in Österreich sollten an einem für Kinder geschmückten Baum auf keinen Fall die beliebten Schokoschirme fehlen, um lange Gesichter zu vermeiden. Diese kleinen Schokoladenkegel am Stiel der Firma Küfferle, der die Welt auch die Erfindung der Katzenzungen verdankt, gibt es zwar das ganze Jahr über, etwa zu Ostern als Karotten verkleidet (für den Osterhasen, versteht sich von selbst), aber gerade zu Weihnachten haben sie Hochsaison und hängen passend zur sonstigen Baumdekoration in goldenen, silbernen, dunkelblauen oder dunkelroten Versionen am Baum. Besonders praktisch für diesen Zweck ist der integrierte Griff des Schirms.

Eine weitere typische Süßigkeit zu Weihnachten ist

die Windbäckerei oder das Baiser. Zwar gibt es die eine oder andere Art des eher bei warmen Temperaturen langsam getrockneten als tatsächlich gebackenen Eischnees das ganze Jahr über, aber in Form von bunten Ringen, teilweise mit bunten Zuckerstückchen bestreut, ist auch diese Süßigkeit ein typischer Behang von Weihnachtsbäumen. Wohl sicher auch, weil diese Gebäckstücke ebenso haltbar wie extrem leicht sind.

Eine vor allem im Alpenraum beheimatete Tradition ist das Früchtebrot. Das ebenfalls unter zahlreichen Namen von B wie Birnenbrot über H wie Hutzelbrot und K wie Kletzenbrot bis Z wie Zelten bekannt ist. Es vereinigt fast alles, was am Anfang des Kapitels für eine typische Weihnachts- beziehungsweise Winterbackware gilt: Haltbarkeit, Süße, Früchte und Gewürze. Im Gegensatz zum Lebkuchen handelt es sich bei dem Teig für das Früchtebrot tatsächlich um mehr oder weniger normalen Brotteig. Allerdings heftig gesüßt und bis zum Anschlag mit Früchten und gern auch Zitronat oder Orangeat gefüllt.

Dem Früchtebrot nicht unähnlich sind die Weihnachtsstollen oder Christstollen. Der Unterschied besteht vor allem darin, dass für die Stollen ein heller Hefeteig verwendet wird, die Dichte der Beigaben etwas geringer ist (oft dominieren Rosinen) und dass die fertige Backware anschließend außen mit Zucker bestäubt wird. Letzteres gibt es zwar auch bei Früchtebrot, aber nicht zwingend und nicht so exzessiv.

Einen letzten und genauen Blick wollen wir auf zwei ganz besondere Backwaren richten, die sich ein wenig von allen anderen abheben.

Das wäre zum einen Spekulatius. Dieses aus dem Nordwesten Deutschlands beziehungsweise dem Beneluxraum stammende Gebäck steht in seiner Herstellung irgendwo zwischen Plätzchen und Lebkuchen. Von Konsistenz und Aussehen ähneln sie eher herkömmlichen Keksen, aber vom Inhalt und Geschmack – es dominieren viele Gewürze und auch Nuss- oder Mandelsplitter – erinnern sie eher ein wenig an Lebkuchen. Jedenfalls haben sich Spekulatius inzwischen vom Nordwesten her kommend Richtung Osten und Süden über den gesamten deutschsprachigen Raum verbreitet.

Den umgekehrten Weg nahm das Vanillekipferl. Dieses stammt aus dem südöstlichen, genauer gesagt süddeutschen, österreichischen und böhmischen Raum und gilt für viele als die Königin der Weihnachtskekse. Für jemanden, der noch nie eines gegessen hat, ist der Geschmack wirklich schwer zu beschreiben. Dennoch möchte ich es versuchen. Also: außen viel Puderzucker, von der Konsistenz her extrem mürbe (sie bestehen aus Mürbteig) und bröselig, der Geschmack ist sehr süß mit mehr oder weniger heftigem Einschlag von Butter- und Vanillearomen. Gut gemachte Vanillekipferl bieten stets eine Art Geschmacksexplosion unterschiedlicher Geschmacksempfindungen im Mund, die dann zu einer Art harmonischem Oberton zusammenfinden. Mit anderen

Worten: Vanillekipferln kann man kaum emotionslos gegenüberstehen. Es gibt heißergebene Liebhaber und erbitterte Feinde. Und fast jeder Haushalt im süddeutschen Raum hat das eine oder andere Geheimrezept von Oma oder Uroma. Mal mit geriebenen Mandeln, mal mit gerösteten Mandeln, mal mit anderen Nusssorten oder auch ohne. Und tatsächlich schmeckt jede Vanillekipferlart, vielleicht einmal abgesehen von vertrockneten kommerziellen Produkten, die auch selten die oben beschriebenen Geschmacksexplosionen bieten, deutlich anders als alles andere zu Weihnachten.

Übrigens finden sich Varianten all der genannten Backwaren natürlich auf der ganzen Welt. Manche sind unseren ähnlich, wie der italienische Panettone, der etwas an Christstollen erinnert, andere weniger, wie der englische Plum Pudding, ein fast unerträglich süßer, besoffener, lebkuchenartiger Gugelhupf (Napfkuchen). Manche wurden im Laufe der Zeit auch bei uns übernommen, wie etwa Zuckerstangen, die ursprünglich besonders im angloamerikanischen Raum verbreitet waren.

Der Vollständigkeit halber seien hier noch spezielle weihnachtliche Getränke erwähnt. Auch diese sind süß und gehaltvoll und fast durchgehend alkoholisch (der inneren Wärme wegen). Die Rede ist von Punsch, Glühwein, heißem Eierlikör und diversen Tees, Kaffees oder auch heißen Schokoladen. Die letzten drei oft mit viel Schlagsahne, Zimt und diversen alkoholischen Beigaben. Dazu kommen noch nichtalkoholische weihnachtliche

Gewürztees und eine Reihe von Neuankömmlingen wie diverse asiatische »Chai« oder auch tibetanischer Buttertee, wenn meist auch ohne originaler Yakbutter.

Um den Kreis zu schließen, sei schließlich noch einmal auf den Bratapfel verwiesen, die simpelste aller weihnachtlichen Naschereien. Äpfel galten früher als gut haltbares Lagerobst, das auch noch weit in den Winter hinein relativ frisch genossen werden konnte. Auf oder auch in einen Ofen geschoben verwandeln sich diese ganz ohne weiteres Zutun auf wundersame Weise in eine herrlich zarte, löffelweiche Süßspeise. Oft die einzige, die Kinder früherer Zeiten zur Verfügung stand. Modernere Varianten füllen die Äpfel manchmal auch noch zusätzlich mit Marzipan oder bestreichen sie mit Honig oder flüssigem Zucker. Aber das ist gar nicht notwendig, um aus einem einfachen Apfel ein kleines kulinarisches Weihnachtswunder zu zaubern.

13

EIN GRUSS AN DIE LIEBEN – VON WEIHNACHTSBRIEFMARKEN UND WEIHNACHTSPOSTÄMTERN

Weihnachten gilt als das Fest der Familie, aber auch der Freunde. Und wenn man sich am Heiligen Abend oder in der Vorweihnachtszeit nicht persönlich treffen kann, so möchte man seinen Lieben wenigstens eine Botschaft zukommen lassen, um zu zeigen, dass man an sie denkt.

Weihnachtsgrüße per Brief oder als Postkarte, noch häufiger in Form einer Glückwunschkarte in einem Brief, haben eine lange Tradition. Auch heute, wo auf Papier gesendete Botschaften immer mehr von elektronischen zurückgedrängt werden, greifen viele Leute jedes Jahr zu Adressliste, Papier und Stift, um eine persönliche Botschaft zu versenden.

Tatsächlich hat in den letzten Jahren die Technologie viel dazwischengepfuscht. Es ist eben viel einfacher, vom eigenen Computer oder sogar nur vom Handy aus rasch einen Weihnachtsgruß zu versenden. Überall im Netz he-

rumlungernde Bilder, fertige Grußkarten oder sogar animierte GIFs, Filmchen oder Links zu Weihnachtsliedern auf YouTube verführen rasch dazu, die klassischen Botschaften elektronisch zu versenden. Und praktischerweise sind die Personen, die einem nahe stehen und denen man diese Sachen schicken möchte, bereits im elektronischen Adressbuch gespeichert. Da genügt oft ein Klick. Ideal auch für Leute, die solche Dinge gern vergessen: Wenn die ersten elektronischen Grüße bei ihnen eintrudeln, können sie die gleich dazu verwenden, um das empfangene Bild an andere weiterzuleiten oder sich einfach per Antwortfunktion zu bedanken und dabei gleich einen Wunsch mitzuschicken. Auch generelle Weihnachtswünsche an »alle Freunde«, etwa auf Facebook gepostet oder an eine Gruppe über WhatsApp versandt, sind heute gang und gäbe. Laut Zahlen des Unternehmens werden zu Weihnachten auf Facebook fast ein Drittel mehr Fotos und Videos vom Handy hochgeladen als sonst. Dazu kommen noch Posts auf Twitter, Direktnachrichten oder, wenn auch schon fast ein wenig antiquiert, per SMS. Weihnachtswünsche per Fax gab es übrigens auch einige Jahre lang, aber die sind mittlerweile ausgestorben.

Eine Zwischenform sind sogenannte »echte« elektronische Postkarten, die teilweise gratis, teilweise von großen traditionellen Postkartenfirmen wie »Hallmark« kostenpflichtig angeboten werden. Dabei kann man aus einer reichen Auswahl an künstlerischen Motiven wählen, sie individuell gestalten und mit einer individuel-

len Schriftart und Schriftfarbe den eigenen Wünschen und Bedürfnissen anpassen. Wenn man will sogar mit Musikbegleitung.

Das soll jedoch alles keine Wertung sein. Jeder weiß selbst am besten, mit wem er in welcher Weise kommunizieren mag. Und die elektronische Variante benötigt viel weniger Vorausplanung. War es früher notwendig, eine Weihnachtspostkarte an die Tante in Amerika oder Australien 2–3 Wochen vorher abzuschicken, erhält die gute Frau ihre Weihnachtsbotschaft auf diese Weise pünktlich und punktgenau am Heiligen Abend, ohne zeitliche Verzögerung, gleich nach dem Absenden. Dennoch gibt es immer noch ausreichend Leute, denen eine persönliche, per Post zugestellte Mitteilung wichtig ist. Und es gibt auch viele, die selbst individuelle Weihnachtskarten basteln oder ein dem Anlass entsprechendes Foto der Familie aufnehmen oder auswählen, anschließend ausdrucken und in Briefform verschicken.

All das gilt neben Einzelpersonen oder Freundesgruppen auch für Firmen. Tatsächlich erhalten die meisten Menschen heutzutage mehr per Briefträger zugestellte Weihnachtskarten von ihrem Arbeitsumfeld als von Familie, Freunden und Bekannten. Und die meiste Weihnachtspost bekommen wohl inzwischen die meisten von uns von diversen Supermärkten, Drogerieketten oder anderen Firmen, denen wir über diverse Bonusclubs und Mitgliedskarten leichtsinnigerweise unsere Adresse verraten haben.

Übrigens unterscheidet ein ganz besonderes Detail sämtliche digitale Varianten von analogen Briefen: Letztere müssen frankiert werden. Wird im Leben von Firmen meist eine Frankiermaschine benutzt oder Briefe von Privatpersonen direkt am Postamt abgegeben, wo sie einfach einen Stempel erhalten, greifen zu Weihnachten alle miteinander sehr gern auf spezielle Weihnachtsbriefmarken zurück. Diese werden international schon seit langer Zeit jedes Jahr aufs Neue von der Post des jeweiligen Landes herausgebracht – meistens ein ganzes Set von Motiven und sehr oft auch in Form von aufwendigen Sonderbriefmarken. In modernen Zeiten kommt außerdem noch die Möglichkeit dazu, sich selbst individuelle (Weihnachts-)Briefmarken von der Post drucken zu lassen.

Der eigentliche Ursprung der Weihnachtsmarken ist umstritten. Bereits 1898 bedruckte die kanadische Post eine Briefmarke, die das damalige englische Weltreich zeigte, mit dem Zusatz »XMAS 1898«. Der direkte Bezug zum Weihnachtsfest ist aber nicht völlig klar.

Fast 40 Jahre später erhielten britische Truppen in Ägypten Feldpost-Briefmarken, auf die extra »Xmas 1935« gestempelt worden war. Da es sich allerdings um interne Briefmarken handelte, wurden auch sie in der Philatelie lange nicht offiziell anerkannt.

Die Ehre der ersten speziell zu Weihnachten herausgegebenen Briefmarken fällt gewissermaßen Österreich zu. Hier wurden 1937 zwei Briefmarken anlässlich des Festes gedruckt. Sie zeigen allerdings kein weihnachtliches

Motiv, sondern Rosen in einer Vase umringt von Sternkreiszeichen. Die ersten Briefmarken mit weihnachtlichen Illustrationen fanden sich erst 1939 in Brasilien (vier Motive, eines davon mit den Heiligen Drei Königen) und 1941 in Ungarn. Beide waren allerdings sogenannte Zusatzmarken. Die erste echte, echte, echte Briefmarke mit einem weihnachtlichen Motiv erschien 1943 – ebenfalls in Ungarn.

Die nächsten Weihnachtsbriefmarken wurden erst wieder Anfang der 1950er-Jahre gedruckt. 1951 erschien eine im damals noch nicht kommunistischen Kuba. Es folgten Haiti, Luxemburg und Spanien und spätestens mit den ab 1957 von Australien jährlich herausgegebenen Weihnachtsbriefmarken wurde eine Tradition begründet, die bald in vielen Ländern der Welt praktiziert wurde – bis heute. Ungefähr 160 Postunternehmen weltweit bringen mittlerweile jedes Jahr neue Weihnachtsmotive heraus. Was natürlich einige Sammler von Briefmarken dazu anregte, sich zu spezialisieren und entweder nur Weihnachtsbriefmarken oder sogar nur Weihnachtsbriefmarken einer bestimmten Region zu sammeln.

Wem Weihnachtsbriefe oder Weihnachtsansichtskarten mit Weihnachtsbriefmarken allein nicht genügen, der hat die Möglichkeit, dem Ganzen noch die eine oder andere Krone aufzusetzen, wenn man dafür auch einen (postalischen) Umweg in Kauf nehmen muss. So gibt es im Stadtteil Christkindl der oberösterreichischen Stadt Steyr, das tatsächlich so heißt, seit 1950 das tra-

ditionelle und nur zu Weihnachten bestehende Postamt Christkindl. Briefe, die dort persönlich aufgegeben werden, werden mit einer speziellen Weihnachtsmarke und einem speziellen Stempel versehen. Darüber hinaus kann man auch Briefe an das Postamt Christkindl senden, die dann dort gestempelt und weitergeschickt werden. Anfangs galt dies nur für in Österreich aufgegebene Briefe, inzwischen wird dieser Service auch international genutzt. Rund zwei Millionen Briefe aus aller Welt werden inzwischen pro Saison dort abgestempelt! Dazu kommen noch Briefe von Kindern an das Christkind, die beantwortet zurückgeschickt werden. Diese Antworten sind zwar standardisiert, aber mit dem Namen des Kindes individualisiert. Mehr als 7.000 Briefe dieser Art werden pro Jahr verschickt, etwa die Hälfte an österreichische Kinder, die andere Hälfte an Kinder im Ausland.

Ein ähnliches Service bieten mehrere deutsche Weihnachtspostämter, wobei hier meistens der Weihnachtsmann (oder ein für ihn einspringender Postbeamte) residiert und gegebenenfalls Briefe der Kinder beantwortet. Diese Postämter sind naturgemäß ebenfalls an Orten oder Stadtteilen mit weihnachtlich klingenden Namen untergebracht – und zwar in: Engelskirchen, Himmelsberg, Himmelpfort, Himmelpforten, Himmelstadt, Himmelsthür (zwei Orte), Himmelreich, Nikolausdorf und St. Nikolaus.

In der Schweiz beantwortet Samichlaus die Briefe, früher im ebenfalls weihnachtlich klingenden Bern-Beth-

lehem und Wienacht-Tobel, inzwischen wird das ganze allerdings in der Zentrale der Schweizer Post abgewickelt.

Es gibt weltweit ähnliche Institutionen und Weihnachtspostämter – von Russland bis Australien, von Hongkong bis in die USA und auch in vielen europäischen Ländern außerhalb des deutschen Sprachraums. Wobei bei diesen Ländern ein starkes Übergewicht in Richtung Norden besteht, was kaum jemanden wundern sollte, da der Weihnachtsmann bekanntlich am Nordpol oder zumindest jenseits des Nordpolarkreises wohnt. Das finnische Weihnachtspostamt in Rovaniemi liegt zusammen mit dem in Grönland tatsächlich direkt in der Nähe des Polarkreises. Ersteres erhebt übrigens sogar den Anspruch, das offizielle Postamt des Weihnachtsmanns zu sein und untermauert das damit, dass rundherum ein ganzes »Weihnachtsmanndorf« entstanden ist. Daher lautet die Anschrift auch: Santas Main Post Office, FIN-96930 Napapiiri.

Das Weihnachtspostamt in Kanada, das ebenfalls bis zum Nordpol reicht, ist dagegen nur virtuell, hat dafür aber eine eigene, ganz besonders gestaltete Postleitzahl, die an das Lachen des Weihnachtsmanns erinnert. Diese Postleitzahl folgt der üblichen Gestaltung der kanadischen Post, in der Buchstaben und Ziffern – in diesem Fall die Ziffer 0 – abgewechselt werden. Adressiert wird daher an: Santa Claus/Père Noël, North Pole/Pôle Nord, H0H 0H0.

14

DIE HEILIGEN DREI KÖNIGE, BEFANA UND DIE WEIHNACHTSWICHTEL – BIBLISCHE, RELIGIÖSE UND TRADITIONELLE WEIHNACHTSFIGUREN

Unter den zentralen Figuren, die wir heute in unsere Bräuche rund um Weihnachten eingebettet haben, gibt es nur wenige, die tatsächlich in der biblischen Weihnachtsgeschichte erwähnt werden. Neben Jesus, Maria und Josef kommen dort im Wesentlichen nur die Hirten, ein Engel und drei Weise aus dem Morgenland vor. Dazu noch ein leuchtender Stern (der in den mittlerweile existierenden zigtausenden Weihnachtszeichnungen und Weihnachtsgeschichten manchmal ebenfalls personifiziert wird).

Die Hirten und der Engel kommen allerdings nur bei Lukas vor, die Weisen und der Stern wiederum nur bei Matthäus. Genauer gesagt werden die Weisen in der Passage seines Evangeliums durch den Stern zur Krippe gelenkt und die Hirten durch den Engel. Alle weiteren Fi-

guren, die etwa in Krippenspielen auftreten, wie zum Beispiel Ochs und Esel oder auch ablehnende Herbergswirte, kommen in der Bibel an keiner Stelle vor *(siehe auch Kapitel 15 über die biblische Weihnachtsgeschichte).*

Und genauso wenig die vielen anderen weihnachtlichen Figuren und Geschenkebringer, die bei uns in der Adventszeit und zu Weihnachten auftauchen, wie Nikolaus, Weihnachtsmann oder das Christkind (das, zumindest in der gelebten Tradition, *nicht* identisch ist mit Christus, *siehe Kapitel 21*).

Von all diesen sowohl im religiösen Brauchtum als auch in der populären Kultur vorkommenden Figuren haben nur drei davon einen Auftritt in der Bibel und etwas mit Geschenken zu tun. Und das sind die Heiligen Drei Könige. Wobei diese, zumindest nach den Worten der Bibel, weder Könige noch Heilige waren – und vielleicht noch nicht einmal drei. Die katholische Kirche verehrt sie allerdings inzwischen als Heilige, womit dieser Teil der Bezeichnung zumindest in einem Teil der christlichen Tradition berechtigt ist. Die protestantische Kirche spricht lieber von drei Weisen aus dem Morgenland. Konkret handelte es sich offenbar um eine Reisegruppe prominenter orientalischer Persönlichkeiten, die einem Stern folgte. Über die genauen Hintergründe dieser rätselhaften Personen wurde viel spekuliert, auch wissenschaftlich. Wen repräsentieren sie und was soll ihr Auftritt in der Bibel vermitteln? Zum einen geht man davon aus, dass mit dem Begriff »Weisen« eine Art von Gelehrten,

vermutlich Astrologen gemeint war, die aufgrund von Sterndeutung ein bedeutendes Ereignis, in diesem Fall die Geburt eines Königs, vermuteten und sich die Sache gern selbst ansehen wollten. Tatsächlich müsste man den im Original verwendeten Begriff wörtlich als »Magier« oder »Zauberer« übersetzen. Genauer gesagt wäre der Sinngehalt des im griechischen Ausgangstexts gebrauchten »Μάγοι, Magoi«, eben wörtlich »Magier«, am ehesten »Sterndeuter«. Forscher gehen aufgrund des im Text verwendeten Wortes davon aus, dass damit eine ganz bestimmte hoch angesehene Priesterkaste aus dem Osten gemeint war. Aber einen endgültigen Beweis gibt es für keine These.

Auch die Frage, welches Himmelsereignis es genau gewesen sein könnte, das die Herrn Magier angelockt hat, lässt sich heute nur vermuten. Gemeinhin wird dieser Stern als Weihnachtsstern, Dreikönigsstern, Stern der Weisen oder Stern von Bethlehem bezeichnet. Aber was war er astronomisch gesehen? Zwischen zwölf und zwei vor Christus (die Geburt von Jesus wird heute auf einige Jahre *vor* der im Kalender festgelegten Zeitenwende datiert, vermutlich zwischen sieben und vier vor Christus, was zugegebenermaßen eine etwas verwirrende Formulierung ist) gab es einige Himmelsereignisse, die dafür infrage kämen. Etwa große Konjunktionen zwischen Venus und Jupiter beziehungsweise Jupiter und Saturn, eine noch speziellere Konstellation von Jupiter und Venus als auch Sonne und Mond, ein unbekannter Komet, eine Su-

pernova – oder als prominentester Verdächtiger der Halley'sche Komet. Alles gute Kandidaten, aber keiner von diesen Erklärungsversuchen gilt als gesicherte Vorlage für den Weihnachtsstern.

Doch zurück zu den Sternguckern. Die Weisen kamen, sahen und brachten Geschenke. Und weil in der Bibel drei Geschenke erwähnt werden, geht man davon aus, dass sie zu dritt waren. Tatsächlich wird ihre Anzahl jedoch nirgendwo erwähnt – nur die Mehrzahl ist fix. Es könnte also eine beliebige Zahl zwischen zwei (wie in frühchristlichen Darstellungen zu sehen) und sagen wir einmal einem Dutzend (wie heute noch in der syrisch-christlichen Kirche Tradition) gewesen sein. Mehrheitlich wurden sie zu Beginn als vier Personen dargestellt, später setzte sich die Darstellung von drei Personen durch. Was unter anderem zu der bekannten Sage führte, dass einer der Könige die Geburt verpasst hätte und Christus erst zu dessen Kreuzigung fand und ihm dort huldigte.

Auch die Namen der Weisen sind nicht überliefert: Sie werden in der Bibel nicht erwähnt. Inzwischen sind sie in großen Teilen der Christenheit jedoch als Caspar, Melchior und Balthasar bekannt. Eine gängige Erklärung für diese Namen hierzulande ist, dass sie von einer Umdeutung einer weihnachtlichen Tradition her stammen: In den Gegenden, in dem die Heiligen Drei Könige, meist verkleidete Jugendliche oder Kinder, Häusern und Familien Besuche abstatten, hinterlassen sie eine meist mit Kreide auf einen Türstock geschriebene Bot-

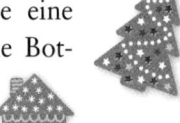

schaft, die aus den Buchstaben C, M, B und der jeweiligen Jahreszahl besteht. Gelegentlich wird nun behauptet, dass diese Buchstaben gar nicht ihre Initialen seien, sondern die Abkürzung für »Christus mansionem benedicat«, also »Christus segne dieses Haus«. Tatsächlich ist das nicht wahr! Denn die Namen Caspar, Melchior und Balthasar lassen sich bereits im sechsten Jahrhundert nach Christus nachweisen, als es diesen Brauch noch gar nicht gab. Woher die plötzlich aufgetauchten Namen stammen, ist nicht gänzlich geklärt. Es wird allerdings vermutet, dass sie von damaligen römischen Theologen aus verschiedenen Sprachen abgeleitet wurden, was wiederum ein absichtlicher Verweis auf eine unterschiedliche Herkunft der Personen sein könnte, um die Person Jesus als Messias noch weiter zu festigen. Denn die Geburt des Heilands wird im Alten Testament durch das Eintreffen verschiedener Könige aus verschiedenen Weltgegenden vorhergesagt. Eine der vielen Prophezeiungen des Alten Testaments, die das Neue Testament aufgreift, um die Legitimation von Jesus zu untermauern. Der genauere theologische Aspekt sowie die diversen symbolischen Bedeutungen, für die die Weisen in dieser Auslegung stehen, würde hier zu weit führen. Aktuell wird jedenfalls angenommen, dass der Name Caspar von altpersisch »Ghazbar« (»Schatzverwalter«) her stammt, Melchior aus dem Hebräischen »Melechi or« (»mein König ist Licht«) und Balthasar eine Ableitung des babylonischen Namens für Gott (»Baal«) sei – und zwar in der babylonisch-hebräi-

schen Version »Belsazar« (»Gott schütze sein Leben« beziehungsweise »Gott schütze den König«). Diese Namen aus der Tradition des römischen Frühchristentums stehen allerdings keineswegs allein. So spricht man, wenn man von den Weisen aus dem Morgenland spricht, in Armenien von Kagba und Badadilma, in Syrien von Larvandad, Hormisdas und Gushnasaph und in Äthiopien von Awnison, Libtar und Kasäd sowie Tanisuram, Mika und Sisisba.

Dass einer der drei ein Mann mit schwarzer Hautfarbe gewesen sein soll, ist nirgendwo überliefert, sondern nur volkstümliche Folklore und geht vermutlich auf einen Übersetzungsfehler zurück. In einer alten griechischen Überlieferung wird Balthasar als ein Mann mit einem »dichten, schwarzen Bart« bezeichnet, was durch eine schlampige Übersetzung erst viel später zur schwarzen Hautfarbe umgedeutet wurde.

Interessant ist auch die aus dieser Überlieferung hervorgegangene Tradition der Sternsinger, die die Weisen aus dem Morgenland repräsentieren. Allerdings bringen die Nachfolger und Abbilder der drei Könige keine Geschenke, sondern erbitten solche, beispielsweise Süßigkeiten. Das hat zwar sehr wohl alte, eher sogar mittelalterliche Traditionen und geht auf verschiedene – zum Teil vorweihnachtliche – Bräuche zurück, bei denen Menschen von Haus zu Haus ziehen und Gaben erhalten *(siehe auch Kapitel 10)*, aber nach aller Logik sollten die drei Minikönige eigentlich etwas verschenken ...

Die große, institutionalisierte und im gesamten südlichen Teil des deutschen Sprachraums praktizierte Sternsingeraktion der katholischen Kirche, bei der Heerscharen Freiwilliger Geld für wohltätige Zwecke sammeln, wurde erst Mitte des 20. Jahrhunderts eingeführt. Am Land und an Stadträndern gehen die Sternsinger von Haus zu Haus, in den Innenstädten kann (muss) man sie bestellen und zu sich nach Hause kommen lassen – inklusive Singen und geschwenktem Weihrauchbehälter. Da insbesondere Städter sich nicht gern die Initialen auf die Tür malen lassen, selbst wenn das als Segen empfunden wird, gibt es inzwischen handschriftlich anmutende, durchsichtige Folien mit der Jahreszahl und den drei Buchstaben, die stattdessen auf die Türstöcke geklebt werden.

Zusammenfassend lässt sich sagen, dass man nicht sehr viel über die Weisen weiß. Allerdings ist ihre kurze Erwähnung in der Bibel und der Weihnachtsgeschichte der Auslöser für eine ganze Reihe von Traditionen, auch abseits der Sternsinger. Manche vermuten sogar, dass der Brauch, sich gegenseitig zu Weihnachten etwas zu schenken (abgesehen von ähnlichen römischen Bräuchen zu dieser Zeit) hauptsächlich damit zu tun hat, dass die Weisen Christus Geschenke brachten! Einer der Gründe, weshalb es – teilweise im romanischen Raum, aber vor allem im Osten – Traditionen gibt, in denen die Weihnachtsgeschenke erst am Dreikönigstag übergeben werden. Was im Osten allerdings auch mit Verschiebungen

des früher gebräuchlichen julianischen Kalenders zu tun hat, wodurch Weihnachten auf den Dreikönigstag fällt, *siehe dazu Kapitel 7.*

Das eigentliche, ursprüngliche christliche Fest am 6. Januar heißt Epiphanie. Hierbei geht es um die »Erscheinung des Herrn«, das Erkennen, dass Jesus der Christus, der Erlöser ist. Und das führt uns gleich zu einer weiteren Figur aus dem weihnachtlichen Repertoire an Märchenfiguren. In Italien war es nämlich bis vor einigen Jahren fixer Brauch, dass die Bescherung erst am Tag der Epiphanie stattfand. Allerdings nicht durch die Heiligen Drei Könige, sondern durch die gute Hexe Befana. Deren Name, wenig verwunderlich, wenn man darüber nachdenkt, einfach eine Ableitung des Wortes Epiphanie darstellt. Natürlich gibt es rund um sie einige Geschichten und Sagen. So soll sie den Stern von Bethlehem zwar gesehen haben, sei aber zu spät aufgebrochen und habe so die Geburt verpasst. Daher flöge sie nun in der Nacht vom 5. auf den 6. Januar von Haus zu Haus auf der Suche nach dem Jesuskind. Und dabei bringt sie Geschenke. Früher strafte sie auch (parallel zu anderen derartigen Traditionen) die schlimmen Kinder. Zwar ist der Brauch der Geschenke am 6. Januar in Italien noch regional lebendig und es gibt auch öffentliche Feste, in deren Zentrum die gute Hexe Befana steht, aber inzwischen hat sich auch in Italien weitgehend durchgesetzt, dass die Bescherung am 24. Dezember stattfindet. Vermehrt werden die Geschenke nun auch hier vom Weihnachtsmann (Babbo

Natale) gebracht. Pragmatischer Weise werden diese Traditionen gelegentlich auch vereint und Befana als die Frau des Weihnachtsmanns dargestellt.

Befana ist übrigens eine der wenigen weiblichen Figuren, die abgesehen von Maria in den Weihnachtstraditionen eine Rolle spielt. Eine andere ist die heilige Barbara. Und die dritte ist die heilige Lucia. Hierbei handelt es sich um eine italienische Heilige, die über ihr Heimatland hinaus vor allem im Norden und Osten Europas fester Bestandteil der Weihnachtstradition ist. Das Fest der heiligen Lucia findet am 13. Dezember statt und ist wie so viele andere Feste der Adventszeit mit Licht verbunden. Das hat mehrere Gründe. Erstens bedeutet ihr Name »die Leuchtende« und wird von lateinisch lux = Licht abgeleitet. Zweitens liegt ihr Fest in der dunkelsten Zeit des Jahres, in der fast alle Feierlichkeiten irgendetwas mit Licht zu tun haben. Und drittens fiel vor der in so vielen Weihnachtstraditionen immer wieder störend auftauchenden Kalenderreform die Wintersonnenwende auf ihren Tag. Im deutschsprachigen Raum gibt es vereinzelt Umdeutungen, in der sie manchmal mit heimischen Perchten zu einer Art Schreckfigur verbunden wird. Vielleicht liegt das an der Nähe des Namens Lucia zu Luzifer.

So richtig verehrt wird Santa Lucia allerdings in Nordeuropa, vor allem in Schweden. Das hat sicher damit zu tun, dass hier die Kalenderreform besonders spät, erst Mitte des 18. Jahrhunderts, durchgeführt wurde und das Fest der heiligen Lucia damit jahrhundertelang auf den

Tag der Wintersonnenwende fiel. Was wiederum zu einer gefundenen Vermengung christlicher und älterer heidnischer Bräuche rund um den kürzesten Tag und die längste Nacht führte. Als großes schwedisches Fest hat sich das Lucienfest allerdings erst nach der Kalenderreform in den letzten 100 Jahren entwickelt. Natürlich gibt es auch hier wie bei allen Traditionen verschiedene Ausprägungen, aber generell verkleiden sich Kinder mit langen weißen Gewändern und roten Gürteln als Lucia. Dabei tragen sie ein Licht in der Hand und einen Lichterkranz auf dem Kopf – der traditionell aus echten brennenden Kerzen bestand. Besonders in Kindergärten wurden diese inzwischen mehrheitlich durch elektrische Kerzen ersetzt. Darüber hinaus wird das Lucienfest in Schweden vor allem auch als Familienfest begangen, wo sich ein Kind, meist die älteste Tochter, als Lucia verkleidet. Es werden Lucialieder gesungen und »Lussekatter« gegessen (ein spezielles Safrangebäck) und die kostümierten Töchter treten zur Wahl der örtlichen Lucia an. Besonders interessant an diesem Fest – gerade im Kontext dieses Buches – ist, dass es das einzige ist, dass Frauen beziehungsweise Mädchen ins Zentrum stellt. Abgesehen von Befana und dem mancherorts als weiblich angesehenen Christkind gibt es rund um Weihnachten im Grunde nur noch Maria, die allerdings selten eine andere Rolle als die der Schwangeren, Gebärenden oder jungen Mutter hat. Nur beim Lucienfest steht nicht nur eine weibliche Heilige im Zentrum – in fast allen Bräuchen dreht es sich um

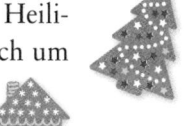

Mädchen beziehungsweise werden diese von solchen ausgeführt. Damit die Burschen nicht komplett ausgeschlossen werden, verkleiden sie sich in Schweden als Begleiter von Lucia, etwa als »Pepparkaksgubbar« (also Pfefferkuchenmännchen), »Stjärngossar« (Sternenknaben) oder »Tomtar« (Wichtel).

Womit wir bei der letzten Gruppe von weihnachtlichen Gestalten angelangt sind, die wir in diesem Kapitel behandeln wollen. Wenn man bei uns von Weihnachtswichteln spricht, denkt man in erster Linie an magische Helfer des Weihnachtsmanns oder des Christkinds beim Herstellen der Geschenke. Oder vielleicht an den Brauch des Wichtelns, bei dem in Schulklassen oder auch Büros die Namen aller Beteiligten auf einen Zettel geschrieben und blind gezogen werden, worauf der Ziehende dem Gezogenen zu Weihnachten eine Kleinigkeit, oft in vorher festgelegtem finanziellem Rahmen, schenkt. Dieser Brauch hat regional auch andere Namen, so wird er manchmal einfach als »Weihnachtsspiel« bezeichnet, in Österreich als »Engerl und Bengerl« und in Norddeutschland als »Julklapp«, das dänische Wort für Weihnachtsgeschenk.

In Finnland hat der Weihnachtswichtel jedoch eine ganz andere Funktion. Er heißt »Joulutonttu« und bewegt sich in der Vorweihnachtszeit unter den Menschen, um herauszufinden, welche es verdient haben, zu Weihnachten Geschenke zu bekommen. Das flüstert er dann dem Weihnachtsmann »Joulupukki« zu, der natürlich

auf dessen Rat hört. Wobei der Weihnachtswichtel nur einer von vielen Wichteln der finnischen Tradition ist. Da gibt es auch noch den »Talontonttu«, der Wichtel des Hauses, der sich um das Wohlergehen der Familie und des Heimes kümmert, den »Riihitonttu« und »Tallitonttu«, die sich als Getreidewichtel respektive Stallwichtel um Feldfrüchte und Vieh kümmern, und natürlich, wie könnte es in Finnland anders sein, den »Saunatonttu«, der Wichtel, der für alle Angelegenheiten rund um die Sauna zuständig ist.

Im Schwedischen werden Wichtel phonetisch ähnlich als »Tomten« bezeichnet, im Norwegischen und Dänischen als »Nisse«. Wobei diese Wichtel, von denen es auch eine erkleckliche Anzahl gibt, jeweils ähnliche umfangreiche Funktionen haben wie die finnischen »Tonttu« und manchmal auch nicht die besten Absichten hegen. Wie der dänische »Skibsnisse« (Schiffsnisse = Klabautermann) oder auch der »Sætternisse« (Setznisse), der für Druckfehler sorgt und der dieses Buch hoffentlich weitgehend verschont hat ...

Eine Zusammenziehung dieser Begriffe ergibt den schwedischen Weihnachtswichtel: »Tomte-Nisse«. Er wird zwar manchmal auch als »Jultomte« bezeichnet, aber gerade diese Zusammenführung von »Tomte« und »Nisse« ist sprachlich äußerst interessant. Denn der Name »Nisse« stammt eigentlich vom dänischen Namen Niels, der wiederum die dänische Variante des Namens Nikolaus darstellt. Womit wir eine weitere der zahllo-

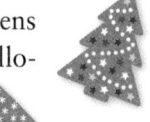

sen Verbindungen unter all den mythologischen, christlichen und populärkulturellen Sagengestalten rund um das Weihnachtsfest gefunden hätten. Und so wie sich die internationale Vermischung der verschiedensten Weihnachtstraditionen in den letzten Jahrzehnten entwickelt hat, kann man davon ausgehen, dass das nicht die letzten Vermischungen gewesen sein werden. Wer weiß, was sich aus all den traditionellen Figuren – vielleicht auch im Zusammenspiel mit mehr oder weniger neuzeitlichen Zugängen wie Ebenezer Scrooge (aus der Geschichte von Charles Dickens), dem Weihnachtsfeind Grinch (ursprünglich eine Figur aus einem Kinderbuch von Dr. Seuss), Mrs. Claus (die andere Frau des Weihnachtsmanns neben Befana) oder Beutolomäus, dem lebenden Sack des Weihnachtsmanns, einer Erfindung des deutschen Kindersenders KiKa *(siehe dazu auch Kapitel 20)* – in Zukunft noch alles entwickeln wird? Vielleicht gibt es ja eines Tages eine Tradition rund um Weihnachtsroboter. Das wäre gar nicht so weit hergeholt, denn Darstellungen von Aliens mit Weihnachtsmützen auf Grußkarten gibt es inzwischen schon.

15

VON LUKAS UND MATTHÄUS – DIE WEIHNACHTSGESCHICHTE IN DER BIBEL

Wie bei sehr vielen Dingen, die man im Kopf hat, seien es geschichtliche Ereignisse, Inhalte von Filmen oder andere Fakten, stimmt die Erinnerung oft nicht mit den Tatsachen überein. Wenn man der Sache dann nachgeht, sie genau überprüft, gibt es immer wieder große Überraschungen.

Bei der klassischen Weihnachtsgeschichte rund um die Geburt von Jesus vermischen sich sogar noch mehr Faktoren, soll heißen, die sich im Kopf überlagernden Quellen sind ungeheuer mannigfaltig. Meist wird einem die Geschichte von der heiligen Nacht in Bethlehem als Kind zuerst durch Bilderbücher, als Vorlesegeschichte oder als Krippenspiel vermittelt. Vielleicht auch in einer Zeichentrickversion oder anderen filmischen Darstellungen. Und während man aufwächst, findet man viele der Elemente aus der Geburtsgeschichte in sich immer wie-

der veränderter Form in Nacherzählungen für Erwachsene, aber auch in der Werbung, in Produkten rund um Weihnachten – oder auch in parodistischer Form in Cartoons oder Filmkomödien. Alle diese Elemente beziehen sich grundsätzlich auf die biblische Überlieferung. Aber das, was *tatsächlich* in der Bibel steht, haben mittlerweile nur sehr wenige Menschen selbst gelesen. Ein wenig mehr haben zumindest Teile davon gehört, etwa wenn sie im Rahmen einer Messe vorgelesen wurden. Allerdings stellt sich die Frage, welche Stelle aus der Bibel?

Denn das Neue Testament, das sich mit Leben und Wirken von Jesus Christus beschäftigt, besteht bekanntlich aus vier Büchern, geschrieben von vier verschiedenen Personen, die Ereignisse rund um das Leben von Jesus aus einer eigenen Perspektive und in eigenem Stil schildern. Es handelt sich demnach um vier Biografien, die teilweise jeweils ganz andere Aspekte des Lebens und Wirkens von Jesus von Nazareth schildern. Manchmal decken sich die Ereignisse, manchmal ergänzen sie sich, manchmal scheinen sie sich sogar zu widersprechen. Seine Geburt wird dabei nur von zwei der Evangelisten beschrieben, von Lukas und Matthäus. Markus und Johannes lassen dieses Ereignis ganz aus.

Aber auch die beiden Weihnachtsevangelisten widmen sich den Vorgängen nicht besonders ausführlich. Ja, die Schilderungen von Lukas und vor allem Matthäus sind sogar so kurz, dass man sie hier zur Gänze wiedergeben kann.

Beide Texte stammen aus der Lutherbibel (1984). Matthäus beschränkt sich in seiner Darstellung fast ausschließlich auf die Heiligen Drei Könige (obwohl sie im Grunde keine Könige und auch nicht wirklich heilig sind, *siehe Kapitel 14*).

DAS EVANGELIUM NACH MATTHÄUS

Die Weisen aus dem Morgenland

21 Als Jesus geboren war in Bethlehem in Judäa zur Zeit des Königs Herodes, siehe, da kamen Weise aus dem Morgenland nach Jerusalem und sprachen: 2 Wo ist der neugeborene König der Juden? Wir haben seinen Stern gesehen im Morgenland und sind gekommen, ihn anzubeten.

3 Als das der König Herodes hörte, erschrak er und mit ihm ganz Jerusalem, 4 und er ließ zusammenkommen alle Hohenpriester und Schriftgelehrten des Volkes und erforschte von ihnen, wo der Christus geboren werden sollte. 5 Und sie sagten ihm: In Bethlehem in Judäa; denn so steht geschrieben durch den Propheten (Micha 5,1): 6 »Und du, Bethlehem im jüdischen Lande, bist keineswegs die kleinste unter den Städten in Juda; denn aus dir wird kommen der Fürst, der mein Volk Israel weiden soll.«

7 Da rief Herodes die Weisen heimlich zu sich und erkundete genau von ihnen, wann der Stern erschienen

wäre, [8] *und schickte sie nach Bethlehem und sprach: Zieht hin und forscht fleißig nach dem Kindlein; und wenn ihr's findet, so sagt mir's wieder, dass auch ich komme und es anbete.* [9] *Als sie nun den König gehört hatten, zogen sie hin. Und siehe, der Stern, den sie im Morgenland gesehen hatten, ging vor ihnen her, bis er über dem Ort stand, wo das Kindlein war.* [10] *Als sie den Stern sahen, wurden sie hocherfreut* [11] *und gingen in das Haus und fanden das Kindlein mit Maria, seiner Mutter, und fielen nieder und beteten es an und taten ihre Schätze auf und schenkten ihm Gold, Weihrauch und Myrrhe.*

[12] *Und Gott befahl ihnen im Traum, nicht wieder zu Herodes zurückzukehren; und sie zogen auf einem andern Weg wieder in ihr Land.*

Das war's. Gleich nach Ende dieser Episode schildert Matthäus, dass Maria mit dem Neugeborenen nach Ägypten flieht und im Weiteren wird vom vergeblichen Kindesmord durch Herodes berichtet.

Bei Lukas wird die ganze Sache ein wenig ausführlicher geschildert (dafür lässt er die drei Weisen aus).

DAS EVANGELIUM NACH LUKAS

Jesu Geburt
[21] *Es begab sich aber zu der Zeit, dass ein Gebot von dem Kaiser Augustus ausging, dass alle Welt geschätzt*

würde. ² *Und diese Schätzung war die allererste und geschah zur Zeit, da Quirinius Statthalter in Syrien war.* ³ *Und jedermann ging, dass er sich schätzen ließe, ein jeder in seine Stadt.*

⁴ *Da machte sich auf auch Josef aus Galiläa, aus der Stadt Nazareth, in das jüdische Land zur Stadt Davids, die da heißt Bethlehem, weil er aus dem Hause und Geschlechte Davids war,* ⁵ *damit er sich schätzen ließe mit Maria, seinem vertrauten Weibe; die war schwanger.* ⁶ *Und als sie dort waren, kam die Zeit, dass sie gebären sollte.* ⁷ *Und sie gebar ihren ersten Sohn und wickelte ihn in Windeln und legte ihn in eine Krippe; denn sie hatten sonst keinen Raum in der Herberge.*

⁸ *Und es waren Hirten in derselben Gegend auf dem Felde bei den Hürden, die hüteten des Nachts ihre Herde.* ⁹ *Und der Engel des Herrn trat zu ihnen, und die Klarheit des Herrn leuchtete um sie; und sie fürchteten sich sehr.* ¹⁰ *Und der Engel sprach zu ihnen: Fürchtet euch nicht! Siehe, ich verkündige euch große Freude, die allem Volk widerfahren wird;* ¹¹ *denn euch ist heute der Heiland geboren, welcher ist Christus, der Herr, in der Stadt Davids.* ¹² *Und das habt zum Zeichen: Ihr werdet finden das Kind in Windeln gewickelt und in einer Krippe liegen.* ¹³ *Und alsbald war da bei dem Engel die Menge der himmlischen Heerscharen, die lobten Gott und sprachen:* ¹⁴ *Ehre sei Gott in der Höhe und Friede auf Erden bei den Menschen seines Wohlgefallens.*

¹⁵ *Und als die Engel von ihnen gen Himmel fuhren,*

sprachen die Hirten untereinander: Lasst uns nun gehen nach Bethlehem und die Geschichte sehen, die da geschehen ist, die uns der Herr kundgetan hat. [16] *Und sie kamen eilend und fanden beide, Maria und Josef, dazu das Kind in der Krippe liegen.* [17] *Als sie es aber gesehen hatten, breiteten sie das Wort aus, das zu ihnen von diesem Kinde gesagt war.* [18] *Und alle, vor die es kam, wunderten sich über das, was ihnen die Hirten gesagt hatten.* [19] *Maria aber behielt alle diese Worte und bewegte sie in ihrem Herzen.* [20] *Und die Hirten kehrten wieder um, priesen und lobten Gott für alles, was sie gehört und gesehen hatten, wie denn zu ihnen gesagt war.*

Bei Lukas geht es nach dieser Passage gleich weiter mit der Beschneidung von Jesus, einer Opfergabe im Tempel von Jerusalem sowie einigen Episoden aus seinem Leben als Kind. Das ist alles. Das ist die gesamte kirchliche offizielle Überlieferung rund um die Geburt von Jesus.

Es gibt zwar einige sogenannte apokryphe Texte, also Texte über Jesus, die ebenfalls noch aus seiner Zeit stammen, die allerdings später von der Kirche nicht als Teil der Bibel aufgenommen und anerkannt wurden.

Mit anderen Worten: Alles, was wir vielleicht im Kopf haben, etwa die Herbergssuche, das Anklopfen und das Zurückweisen durch die Besitzer der Herberge und viele andere Details mehr finden sich *nicht* in der Bibel, sondern haben sich im Laufe der Zeit rund um die eher dürren Fakten gebildet.

Was die sogenannten Heiligen Drei Könige betrifft, wird bei Matthäus nicht einmal ihre Zahl genannt. Dass es drei gewesen sein könnten, wurde viele Jahrhunderte später von der Anzahl der Geschenke abgeleitet, die tatsächlich genau geschildert werden. Bei Lukas wiederum liegt der Fokus weniger auf der Geburt als auf der Verkündigung. Die vertrauten Elemente Engel und Hirten kommen sehr wohl vor. Was aber bei beiden fehlt, sind viele andere vertraute Elemente, zum Beispiel Ochs und Esel.

Das soll die Bedeutung der Geschichte keineswegs schmälern. Für gläubige Christen enthält sie mehrere zentrale Botschaften über die Wichtigkeit der Geburt des Erlösers. Und auch die Ausschmückungen rundherum sind nicht unbedingt als Abweichung zu verstehen, sondern dienen oft der besseren Vermittlung und Erhöhung der Inhalte. So etwas oder etwas ähnliches findet sich auch in vielen anderen Stellen der Bibel sowie bei anderen Religionen auf der ganzen Welt. Denn nicht selten sind die zentralen Texte einer Religion nur Gelehrten vorbehalten oder werden nur von einer gewissen Schicht (regelmäßig) gelesen oder sind in einer Sprache verfasst, die nur sehr wenige verstehen. Die anderen Gläubigen erfahren von diesen Inhalten nur durch die Vermittlung von Religionsvertretern, durch bildliche Darstellungen oder innerhalb der Familie, meist in Form von Nacherzählungen.

Für unser aller Weihnachten, so wie wir es heute begehen, dienen all diese Bestandteile der Geschichte mitt-

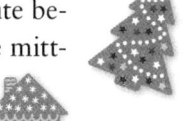

lerweile vor allem als Grundlage für eine Vielfalt von Interpretationen in Form von Darstellungen, Produkten und Geschichten. Zu jedem der tatsächlich in der Bibel genannten Elemente wie Krippe, Engel, Hirten und Weisen gibt es zahllose Gemälde, Gedichte, Lieder, Bücher … bis hin zu der kitschigsten Variante, die man sich nur vorstellen kann.

Noch einmal: Das alles soll in keiner Weise eine Wertung darstellen oder religiöse Gefühle verletzen. Aber es ist interessant, die vielen Ausprägungen des Weihnachtsfestes, die in den Kapiteln dieses Buches geschildert werden, mit den ursprünglichen Texten zu vergleichen, auf denen sie beruhen … und dabei vielleicht noch etwas zu lernen.

16

VON BARBIE-BEFREIUNGEN UND WEIHNACHTSFEIERFLIRTS – UNNÜTZES WEIHNACHTSWISSEN

Fast jedes Kapitel dieses Buches behandelt auf die eine oder andere Art Fakten und Dinge rund um Weihnachten, die weitgehend unbekannt sind, oder die einem so vielleicht noch nicht bewusst waren. Auch viele Seltsamkeiten und unglaubliche Details der einen oder anderen Art findet man darunter.

Allerdings gibt es rund um Weihnachten so viele Kuriositäten, Außergewöhnliches sowie Rekorde, die nicht so recht in ein bestimmtes Kapitel passen würden. Darum hier also einige der seltsamsten und skurrilsten Fakten rund um Weihnachten in einer klassischen Auflistung der Variante »unnützes Wissen«.

WEIHNACHTSFLIRT

Untersuchungen zeigen, dass über die Hälfte (konkret 52 Prozent) der Arbeitnehmer und Arbeitnehmerinnen auf Betriebsweihnachtsfeiern auf der Suche nach einem erotischen Abenteuer sind.

GEBURTSFEST

Vermutlich nicht in diesem Zusammenhang, sondern eher wegen der kuscheligen Feiertage zu Hause steht die Tatsache, dass rund um Weihnachten besonders viele Kinder gezeugt werden. Was sich daran ablesen lässt, dass die meisten Geburten des Jahres statistisch im September stattfinden.

TRENNUNG

Aber Achtung – abgesehen vom verflixten siebten Jahr gibt es auch zwei jährliche statistische Häufungen für Trennungen. Der eine liegt im Herbst, der andere 14 Tage vor Weihnachten.

BAUMGLÜCK

Ein Tipp für alle, die den verflixten 10.12. als Paar überstanden haben – wenn man den Weihnachtsbaum gemeinsam mit seinem Partner dekoriert, soll das laut einer Studie die Partnerschaft festigen.

BRATENLOS

Gänsebraten am 11. November (Martinsgans) und Gänsebraten am 24. Dezember (Weihnachtsgans) sind kein Zufall: Früher spannte sich zwischen diesen beiden Festen eine Fastenzeit, wo man auf derlei lukullische Genüsse verzichtete. Heute hat sich die Situation gewissermaßen umgekehrt: Zwischen Oktober und Dezember kommen 76 Prozent aller jährlich verspeisten Gänse auf den Tisch.

REINGEBUTTERT

50 Prozent Butter enthält ein Dresdner Stollen bezogen auf den Mehlanteil. Mindestens! Das erste Mal wurde dieses weihnachtliche Backwerk übrigens bereits 1474 erwähnt. Auf einer Abrechnung des kirchlich geführten Bartolomai-Hospitals. Der längste Weihnachtsstollen wurde allerdings nicht in Dresden, sondern 2010

im niederländischen Haarlem gebacken und im Bahnhof präsentiert. In seiner prachtvollen Gesamtlänge von 72,10 Metern.

WEIHNACHTSBAUCH

Apropos Braten und Stollen, rund 370 Gramm nimmt der amerikanische Durchschnittsbürger laut dem »National Institut of Health« rund um die Weihnachtsfeiertage zu.

WEIHNACHTSBAUMREKORDE

Die Frage nach dem größten Weihnachtsbaum aller Zeiten lässt sich nicht so einfach beantworten. Hier die Kandidaten:

* Laut Guinness-Buch der Rekorde wurde der größte festlich geschmückte Weihnachtsbaum 1950 im »Northgate Shopping Center« von Seattle aufgestellt. Es war eine Tanne von 67,36 Metern Höhe.
* Der größte künstliche Weihnachtsbaum wurde in Brasilien aufgestellt und brachte es auf 52 Meter Höhe.
* Der größte jemals als Weihnachtsbaum definierte, aber in der Natur stehende Baum befindet sich im amerikanischen Sequoia Nationalpark und ist mit

seinen 81 Metern zugleich einer der größten Bäume der Welt.

❄ Der Weltrekordversuch der tasmanischen »Wilderness Society«, die 1990 einen 80 Meter hohen Baum mit 3.000 Lichtern schmückte, wurde vom Guinness-Buch der Rekorde nicht anerkannt. Es war nämlich ein Eukalyptusbaum, der als klassischer Weihnachtsbaum nicht durchging.

TIERGESANG

Den eigenen Haustieren Weihnachtslieder vorsingen? In einer amerikanischen Umfrage gestanden sogar 56 Prozent, dies regelmäßig zu tun. Ob zur Freude der Besungenen steht dabei nicht fest.

TIERPRÄSENT

Apropos, nach einer anderen Studie aus dem Jahr 1995 erhielten sieben von zehn Hunden im Vereinigten Königreich ein Geschenk von ihren Besitzern. Was sie vermutlich mehr freute als vokale Darbietungen.

ERLEUCHTET

An sich sind die Amerikaner für ihre üppigen Weihnachtsbeleuchtungen bekannt. Den Weltrekord für die größte Weihnachtsbeleuchtung hält allerdings das »Sun Plaza Shopping Center« in der rumänischen Hauptstadt Bukarest, das mit 449.658 Lichtern geschmückt war.

DEKORIERT

Die größte animierte Weihnachtsdekoration wurde 2011 am New Yorker Times Square präsentiert, als die japanischen Unternehmen Toshiba und Corporation auf ihrer dort befindlichen elektronischen Werbetafel einen 39,66 Meter großen, geschmückten Weihnachtsbaum erscheinen ließen.

SCHNEELOS

Was man oft übersieht: Der Winter beginnt astronomisch erst rund um Weihnachten. Weshalb es in den niederen Lagen von Deutschland schon immer nur etwa alle acht Jahre tatsächlich weiße Weihnachten gab. Laut meteorologischen Beobachtungen wird es gerade rund um den 24. Dezember statistisch gehäuft wärmer. Es gibt sogar einen Fachbegriff dafür: »Weihnachtstauwetter«. Ähnli-

ches gilt auch für die flacheren Gebiete in Österreich und der Schweiz (ja, die gibt es). Dass allerdings der Schnee auch in immer höheren Lagen immer öfter ausfällt, ist eine neuere dem Klimawandel geschuldete Entwicklung.

WEIHNACHTSLEUCHTEN

Laut Guinness-Buch der Rekorde brannten im Jahr 2010 in der belgischen Stadt Malmedy gleichzeitig 194.672 Kerzen an einem Weihnachtsbaum. Ein Rekord, der zweifellos schwer zu übertrumpfen ist. Übrigens: Eine typische, haushaltsübliche Weihnachtsbaumkerze hat eine Brenndauer von anderthalb bis zwei Stunden.

NADELPROBE

Der beliebteste Weihnachtsbaum im deutschsprachigen Raum ist die Nordmanntanne. Ein durchschnittliches nach Hause geholtes Exemplar ist 1,64 Meter groß und besitzt 178.333 Nadeln. Nebenbei bemerkt hat sie – wie alle Tannen – keine Blätter, auch wenn die in einem der bekanntesten Weihnachtslieder inbrünstig besungen werden.

SCHACHTELTAG

Der in Österreich als Stefanitag bekannte zweite Weihnachtsfeiertag am 26. Dezember wird in England Boxing Day genannt. Das hat nichts mit Boxen zu tun, sondern damit, dass früher Angestellte im gesamten Commonwealth an diesem Tag Geschenke von ihren Arbeitgebern erhielten. Mit Box ist die Schachtel gemeint, in der die Geschenke verpackt waren.

REN(N)TIERE

Wer das entsprechende Lied nicht auswendig kann – die vom Weihnachtsmann vor seine Kutsche gespannten acht Rentiere haben auch Namen. Und zwar: Dasher, Dancer, Prancer, Vixen, Comet, Cupid, Donner, Blitzen. Rudolf, das mittlerweile bekannteste davon, wurde erst für das ihm gewidmete Lied erfunden.

FESTVERWECHSLUNG

Der allseits beliebte und klassische Weihnachtssong »Jingle Bells« wurde ursprünglich für Thanksgiving geschrieben.

LICHTERLOH

Etwa 15.000 Christbäume und Adventskränze fangen jedes Jahr in Deutschland Feuer – nach einer Schätzung des Bundesverbands Deutscher Versicherungskaufleute.

SCHMÜCKEND

Den Ruhm, den teuersten Weihnachtsbaum aller Zeiten präsentiert zu haben, geht ausgerechnet an ein islamisches Land: 2010 präsentierten die Vereinigten Arabischen Emirate in Abu Dhabi eine Tanne mit einem Schmuck im Gesamtwert von elf Millionen Dollar.

FEUCHTFRÖHLICH

Eine Studie ergab, dass der Alkoholkonsum der Deutschen in der Weihnachtszeit um rund 36 Prozent ansteigt.

PARADOX

Obwohl es angeblich der Reformator Martin Luther selbst war, der das Christkind als Gabenbringer einführte, um als standhafter Gegner jeglicher Heiligenverehrung den damals dominierenden Nikolaus abzulösen, herrscht der

Glauben an das Christkind heute eher in den katholischen Gegenden vor, während die evangelischen sich dem Weihnachtsmann zugewandt haben. Immerhin ist er in seiner modernen Gestalt im Gegensatz zu Nikolaus kein Heiliger.

SCHOKOMANN

Apropos Weihnachtsmann, 2011 wurde von einem Einkaufszentrum im italienischen Mirabello der bisher größte Weihnachtsmann aus Schokolade hergestellt und aufgestellt. Schoko-Santa brachte es auf beachtliche fünf Meter Höhe.

LIEDGUT

Das Volksliedarchiv der steirischen Hauptstadt Graz sammelt – wie könnte es anders sein – Volkslieder. Im Jahr 2015 zählte der Bestand stolze 8.355 Weihnachtslieder.

ENGELSSCHAR

Dem Guinness-Buch der Rekorde zuliebe trafen sich 2009 in Hauzenberg 1.039 als Engel verkleidete Personen, um offiziell die größte irdische Engelsschar zu bilden. Falls noch andere (unsichtbar, wie es so deren Art

ist) anwesend gewesen sein sollten, wurden sie von den strengen Rekordrichtern nicht mitgezählt.

ELFENSCHAR

Ob es mehr Elfen gibt als Engel? Wer vermag das schon zu sagen. Die größte Anzahl von Weihnachtselfen versammelte sich jedenfalls 2014 in Bangkok und brachte es mit 1.762 grün-rot verkleideten Spitzohren auf mehr Teilnehmer als die Hauzenberger Engel.

PYRAMIDAL

Weihnachtspyramiden sind vor allem im Osten Deutschlands verbreitete kunstvoll geschnitzte Holzdekorationen. Eine der bekanntesten und als größte geltende Weihnachtspyramide befindet sich auf dem Dresdner Striezelmarkt und ist 14 Meter hoch. Allerdings wurde 2015 auf dem Weihnachtsmarkt namens Dresdner Winterlichter eine 26,5 Meter hohe Weihnachtspyramide präsentiert, die daraufhin einen Eintrag ins Guinness-Buch der Rekorde erhielt.

SOMMERWEIHNACHT

»Käthe Wohlfahrt« in Rothenburg ob der Tauber ist ein sogenanntes Weihnachtsfachgeschäft. Es hat das ganze Jahr über geöffnet, weshalb man sich hier zu jeder Jahreszeit in Weihnachtsstimmung versetzen lassen kann.

SHOPPING

Frankenmuth klingt so Deutsch wie Rothenburg, liegt aber in den USA. Neben einem deutscher Bauweise nachempfundenen Stadtteil, der aussieht wie aus Grimms Märchen, findet sich hier auch das größte auf Weihnachten spezialisierte Geschäft der Welt: »Bronner's Christmas Wonderland«. Dort kann man unter rund 500.000 verschiedenen weihnachtsthematischen Geschenken auswählen.

LEITSTERN

Indien ist kein Land, dass man unbedingt mit Weihnachten in Verbindung bringt. Dennoch wurde der größte Weihnachtsstern aller Zeiten hier im Jahr 2009 präsentiert. Er stand in Kochi, war 31,59 Meter hoch und wog 4.200 Kilogramm.

AUFKLÄRUNG

Gut, dass es dieses Buch gibt, denn rund zehn Prozent der Deutschen gaben bei einer Befragung an, keine Ahnung zu haben, weshalb das Weihnachtsfest eigentlich gefeiert wird.

KNUSPERHAUS

In Texas ist angeblich alles besonders groß. Das trifft vermutlich nicht immer zu, sehr wohl aber auf das größte Lebkuchenhaus der Welt, das dort im Jahr 2013 aufgebaut wurde, um Spenden zu sammeln. Es hatte eine Grundfläche von 1.110 Quadratmetern und bestand durchwegs aus essbarem Material.

WUNSCHVOLL

Ebenfalls im Rahmen einer karitativen Kampagne sammelte 2014 das amerikanische Kaufhaus »Macy's« 121.138 Weihnachtswünsche und stellte daraus den längsten Wunschzettel an den Weihnachtsmann aller Zeiten her.

GUERILLA-TAKTIK

Eine Künstlergruppe namens »Barbie Liberation Orga-
nisation« regte Weihnachten 1993 Aktivisten dazu an,
sprechende Puppen der Modelle »Teen Talk Barbie« und
(einem US-Soldaten nachempfundenen) »G.I. Joe« aus
den Geschäften zu stehlen. Anschließend sollten sie die
Sprachchips beider Figuren austauschen und die Schachteln wieder in die Regale stellen. Angeblich wurde das
mehrere hundertmal durchgeführt. Mit dem Ergebnis,
dass Barbie nach dem Auspacken unter dem Weihnachtsbaum Dinge wie »Friss Blei, Cobra!« oder »Tote erzählen keine Lügen!« rief, während G.I. Joe sich darüber be-
klagte, dass Mathematik so schwierig sei und wie gern
er doch shoppen ginge. Die letzteren klischeehaften pro-
grammierten Texte waren auch der eigentliche Anlass für
die Aktion. Nämlich, um auf die Verwendung von Ste-
reotypen durch die Firma »Mattel« hinzuweisen.

17

WIE WIR FEIERN – WEIHNACHTEN HEUTE IM DEUTSCHSPRACHIGEN RAUM

Die Vielfalt an Arten und Weisen, auf die das Weihnachtsfest und die Zeit rundherum begangen wird, geht gegen unendlich. Sowohl, wenn man örtlich in der Zeitachse zurückgeht, als auch, wenn man sich rund um den Globus umblickt. Dennoch kann man zu einem bestimmten Zeitpunkt über einen größeren Raum oft eine mehr oder weniger einheitliche Art des Ablaufs einer Feierlichkeit beschreiben. Und vor allem heutzutage, wo Fernsehen, Filme und auch soziale Medien eine immer größere Rolle spielen, kommt es verstärkt zu einer Vereinheitlichung, einer Nivellierung der Gebräuche rund um festliche Angelegenheiten. Wobei es immer wieder (neue) Einflüsse von außen gibt, die das als normal wahrgenommene Ritual graduell verändern. So waren Kerze und Torte nicht immer Standard bei Geburtstagen, Feuerwerk nicht immer Standard zu Silvester.

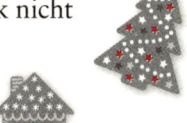

Doch nun werfen wir einen genaueren Blick darauf, wie heute im deutschen Sprachraum die Weihnachtszeit begangen wird. Viele Details der Feier, etwa Lieder oder Weihnachtsbaum, finden sich in diesem Buch in anderen Kapiteln. Dafür gibt es dann an der jeweiligen Stelle Verweise.

Vereinzelt beginnt für manche die Weihnachtszeit bereits am 11. November und zwar zum Martinsfest/Martini. Das hat historische Gründe, weil früher an diesem Datum die traditionelle Fastenzeit vor Weihnachten begann. Regional gibt es sogar Vermischungen zwischen den Personen Martin und Nikolaus. Auch die traditionellen Laternenumzüge zum Martinsfest in Kitas/Kindergärten kann man durchaus schon zu den vorweihnachtlichen Bräuchen zählen, schon allein aufgrund der im Zentrum stehenden Lichter.

Für die meisten Menschen beginnt heutzutage die Weihnachtszeit – oder um genauer zu sein: die Adventszeit – am 1. Dezember, mit dem Aufmachen des ersten Türchens des Adventskalenders. Ganz korrekt ist das allerdings nicht, denn nach religiöser Tradition beginnt die Adventszeit konkret am vierten Sonntag vor dem 25.12., dem Christtag. Je nach Jahr und Kalender fällt der Beginn daher immer auf einen anderen Tag. Das kann bereits der 27. November sein (der früheste Termin) oder erst der 3. Dezember (spätester Termin).

Die Adventszeit (von Lateinisch adventus = Ankunft) wird regional und je nach Familie unterschiedlich be-

gangen. Fixe Bestandteile sind allerdings heutzutage fast überall: Adventskalender und Adventskränze *(siehe eigenes Kapitel 18)*. Dazu kommt noch das feierliche Dekorieren des eigenen Hauses. Für den Innenbereich verwendet man gern Zweige von Nadelbäumen, oft mit Kerzen oder Schleifen, Kerzen in Äpfeln, Kerzen in Gestecken aus Tannenzapfen oder anderen natürlichen Materialien, Mistelzweige, Weihnachtssterne (die Pflanze) oder auch an die Tür oder Fenster gehängte Kränze. Grüne Kränze sind ein Import aus dem angloamerikanischen Sprachraum, Kränze aus Stroh verweisen auf eine bäuerliche Tradition. Vereinzelt werden auch Weihnachtsbaumkugeln aufgehängt. Das Thema ist: lebende Natur im toten Winter. Wobei das Grün für die Pflanzenwelt steht, die Farben, vor allem rot, und auch die Form der Christbaumkugeln für Früchte.

Außendekorationen sind bei uns nach wie vor nicht besonders verbreitet. Regional, aber vor allem individuell sehr unterschiedlich hängen manche Leute Lichterketten ins Fenster, es gibt Weihnachtsbotschaften mit flimmernden Leuchtbuchstaben oder den einen oder anderen von innen beleuchteten und kletternden Plastik-Weihnachtsmann. Vereinzelt folgen Eigenheimbesitzer auch hierzulande der vor allem in den USA üblichen Sitte, das ganze Haus und den Vorgarten mehr oder weniger in ein einziges blinkendes, buntes Etwas zu verwandeln, idealerweise noch blinkender und bunter als das Haus der Nachbarn.

Im Laufe der Adventszeit gibt es eine ganze Reihe

von gepflegten alten Traditionen, die allerdings regional verbreitet sind. Gern werden die Adventssonntage für familiäre Zusammenkünfte genutzt oder man trifft Freunde. Letztere auch bei dem einen oder anderen Punschstand oder auf Weihnachtsmärkten. Die Einnahmen dieser Buden dienen fast immer einem guten Zweck, und so kann man sich an kalten Tagen bei warmem Alkohol in fröhlicher Gesellschaft in dem guten Gewissen betrinken, karitativ tätig zu sein.

Die Weihnachtsmärkte, im süddeutschen und österreichischen Raum Christkindlmärkte genannt, sind eine sehr alte Tradition. Noch vor einigen Jahrzehnten gab es pro Stadt meist nur einen großen Markt und vielleicht pro Stadtteil ein paar kleinere. Inzwischen sprießen Weihnachtsmärkte an allen Ecken und Enden, wo Standbetreiber einen Platz finden. Auch die klassische Form der Weihnachtsmärkte mit einer spirituell-kommerziellen Mischung aus Buden mit Süßigkeiten, Weihnachtsdekorationen, Handwerkserzeugnissen, handgefertigtem und industriellem Spielzeug, Schmuck und diversen kulinarischen Angeboten hat sich inzwischen diversifiziert. So gibt es Märkte, die sich bewusst auf alte Traditionen beziehen und nur in Handarbeit gefertigte Ware anbieten: weihnachtliche Bauernmärkte. Weiters gibt es sogenannte Barockmärkte, bei denen Wert auf üppige Dekoration gelegt wird, mittelalterliche Weihnachtsmärkte und viele andere mehr.

Für viele Familien gehört es dazu, zumindest einmal

in der Vorweihnachtszeit einen der Märkte zu besuchen. Früher, in Zeiten vor der flächendeckenden Spielzeugwerbung für Kinder, waren solche Märkte oft auch die Gelegenheit für die kleinen Besucher, Dinge zu entdecken, die sie sich auf einem Wunschzettel notieren konnten. Und für die Eltern, vor Internet und riesigen Spielzeugketten, war das die Gelegenheit, diese Präsente dort zu erwerben. Aber auch heute noch werden die Spaziergänge dazu genutzt, um auszuloten, was dem Partner gefallen würde. Legt er oder sie dann ein besonders schönes und teures Objekt seufzend zurück, kann es schon vorkommen, dass der andere eine Ausflucht vorbringt oder eine gute Gelegenheit nutzt, das Objekt dann heimlich zu erstehen ...

Inzwischen gehört bei vielen Weihnachtsmärkten – ein fixer Bestandteil der angloamerikanischen Weihnachtskultur – die Begegnung mit dem Weihnachtsmann für Kinder dazu, die ihm dabei meistens ihre Wünsche offenbaren. Besonders wichtig ist weiters das Fest des Heiligen Nikolaus am 6. Dezember *(siehe Kapitel 6)* mit vielen unterschiedlichen Bräuchen.

Eine andere vielerorts gelebte Tradition ist die des Barbarazweigs. Dabei wird ein Zweig oder mehrere Zweige eines Baumes, meist eines Obstbaumes, mit Knospen in eine Vase gestellt. Im Idealfall fangen die Knospen bis zu Weihnachten zu blühen an. Manchmal wird das als gutes Omen gesehen oder ist Bestandteil diverser Orakelbräuche. Für andere ist es nur eine weitere erfreuliche Weihnachtsdekoration. Traditionell stellt man die Zwei-

ge am 4. Dezember in eine Vase, dem Tag der heiligen Barbara. Nach der Überlieferung soll die Heilige, eine frühe Märtyrerin, verhaftet worden sein und auf ihrem Weg ins Gefängnis sei ihr Kleid an einem Zweig hängen geblieben. Sie nahm den abgebrochenen Zweig mit in ihre Zelle und am Tag ihrer Hinrichtung sei der Zweig erblüht. Einer der vielen Fälle, wo einem auf der Oberfläche fröhlichen und scheinbar harmlosen Brauch eine dunkle und grimmige religiöse Geschichte zu Grunde liegt.

Während der gesamten Adventzeit finden wichtige religiöse Feste und spezielle kirchliche Messen statt *(siehe Kapitel 22)*. Es ist auch die Zeit der karitativen Veranstaltungen, die dem Spendensammeln dienen. Oft groß angelegt, mit Beteiligung vieler Prominenter und im Fernsehen übertragen.

Eine neuere Tradition ist die des sogenannten Friedenslichts. Dieses entstammt der Spendenaktionen »Licht ins Dunkel« des österreichischen Fernsehens. Erfunden wurde das Friedenslicht 1986 vom ORF Landesstudio Oberösterreich. Dabei wird jedes Jahr ein Kind nach Israel geschickt, um dort in der Geburtsgrotte eine Kerze zu entzünden. Diese wird dann brennend in einem Spezialbehälter und begleitet von einer politisch-kirchlichen Delegation nach Österreich geflogen. Von hier aus wird das Friedenslicht anschließend »verteilt«. Das heißt: Mit der Originalflamme aus Bethlehem werden weitere Kerzen entzündet. In vielen Kirchen, ursprünglich in Österreich, inzwischen auch weit darüber hinaus, brennt je-

weils eine solche Kerze, an der sich jeder, der möchte, sein eigenes Friedenslicht direkt aus dem Heiligen Land entzünden kann. Mittlerweile wird dieses Licht in die ganze Welt verteilt und auch Staatsoberhäuptern und dem Papst überreicht. Als, wie der Name schon sagt, weihnachtliches Symbol für den Glauben und die Hoffnung auf Frieden in der Welt.

Der Advent ist auch die Zeit, in der Weihnachtsbäckerei gebacken, verschenkt und natürlich fleißig verputzt wird *(siehe Kapitel 12)*. Übrigens auch bei den zahlreichen Weihnachtsfeiern, die fast jede Firma für ihre Angestellten abhält. Oder bei den Krippenspielen und anderen weihnachtlichen Darbietungen, die in Kirchen stattfinden oder die Schulklassen für Eltern und Großeltern darbieten. Und überall erschallen Weihnachtslieder, im Fernsehen laufen Weihnachtsserien und Weihnachtsfilme *(siehe Kapitel 20)*, die Straßen werden dekoriert, Weihnachtsgeschenke werden gekauft und in Weihnachtspapier verpackt, am besten noch mit einer weihnachtlichen Schleife rundherum und obendrauf – kurz, es herrscht 24/7-Rundumweihnachten.

Was inzwischen viele Menschen auch zusehends nervt. Die angeblich stillste Zeit im Jahr, wird viel mehr immer als stressiger wahrgenommen.

Ein wahrer Hotspot an weihnachtlichen Traditionen im deutschsprachigen Raum stellt übrigens das Erzgebirge dar. In der Adventszeit verwandelt sich fast der ganze Süden Ostdeutschlands in ein einziges Winterwunder-

land. Die Bräuche, Traditionen und Festivitäten dort sind so zahlreich, dass man sie hier einfach nur alphabetisch aufzählen kann: Bergmannsfiguren, Bergparaden, Engelsfiguren, Hutzenabende, Mettenschichtfeiern, Nussknackerfiguren, Pyramidenanschieben, Räuchermännchen, Schwibbögen und Weihnachtspyramiden *(siehe Kapitel 1 und 16)* – dazu überall erleuchtete Fenster und Häuser, Weihnachtsmärkte vor allem in den mittelalterlichen Bergstädten und der sogenannte »Krippenweg Erzgebirge«. Das alles sind tatsächlich gelebte regionale Traditionen, die auch für den dort rege herrschenden Weihnachtstourismus veranstaltet werden. Auch 40 Jahre DDR konnten diese alten Bräuche nicht zum Verschwinden bringen. So wurden, eine weithin bekannte Anekdote, Engelsfiguren in kommunistischen Zeiten zwar verkauft und aufgestellt, aber angeblich (ironisch) als Jahresendflügelfiguren bezeichnet.

Aber wie man auch immer die Adventszeit begeht, schließlich nähert sie sich ihrem natürlichen Ende. Eines Tages ist das letzte Türchen geöffnet und der 24. Dezember ist da. Für fast alle Menschen im deutschen Sprachraum ist das der wichtigste Tag der Weihnachtszeit. Das Fest, das Essen *(siehe Kapitel 23)*, der Baum *(siehe Kapitel 1)*, die Geschenke … Wobei grob gesprochen im nördlichen und nordöstlichen Teil des deutschen Sprachraums eher der Weihnachtsmann und im westlichen und südlichen das Christkind die Geschenke bringt *(siehe Kapitel 21)*. Die Bräuche unterscheiden sich je nach Familie.

Nicht nur aufgrund der finanziellen Möglichkeiten fallen die Geschenke sehr unterschiedlich aus. In manchen Familien ist es geradezu Pflicht, sich gegenseitig mit teuren und ausgefallenen Geschenken zu überhäufen oder auch die Gelegenheit für eine große Anschaffung zu nutzen, die man sich schon lange gewünscht hat und sich nun gönnt, wie ein überdimensionaler Flachbild-Fernseher oder der Gaming-Laptop für den Nachwuchs. Als Gegenbewegung gibt es immer mehr Familien, die den »Päckchen-Wahnsinn« bewusst reduzieren und sich gegenseitig nur ein Geschenk und/oder nur selbst gemachte Aufmerksamkeiten oder gar nichts schenken.

Nach der Bescherung, wie üppig oder frugal sie auch ausfällt, gehen viele Familien, auch wenn sie sonst eher nicht besonders religiös sind, traditionell gemeinsam in die Christmette. Der eigentliche Christtag *(siehe Kapitel 7)*, der 25.12. wird bei uns eher ruhig begangen. Die Eltern schlafen lange, die Kinder stehen früh auf und beginnen mit ihrem Spielzeug zu spielen. Oft folgt im Laufe des 25. noch ein Mittag- oder Abendessen mit jenen Teilen der Familie, die man am 24. nicht getroffen hat. Oft steht auch der Besuch bei den Schwiegereltern an. Das alles setzt sich zumeist auch noch am 26. fort, der fast im gesamten deutschen Sprachraum ein gesetzlicher Feiertag ist.

Danach wird die Zeit tatsächlich still. Viele Leute sind auf Urlaub, viele haben frei, der Verkehr ist reduziert, es gibt freie Parkplätze ... Alle erholen sich »zwi-

schen den Jahren« bis zu Silvester. Die an diesem Tag dann stattfindenden ausgiebigen Feierlichkeiten rund um den Jahreswechsel fallen zwar kalendarisch in die Weihnachtszeit, gelten allerdings nicht als Bestandteil davon. Anders als die Zeit danach. Vor allem im süddeutschen Raum schwärmen die Sternsinger aus, als die Heiligen Drei Könige *(siehe Kapitel 14)* verkleidete Kinder, die meist Spenden für einen guten Zweck sammeln und dabei die eine oder andere Leckerei abstauben. Aber auch hier sind die Bräuche regional sehr unterschiedlich. Für die meisten endet damit die Weihnachtszeit. Auch die Weihnachtsferien sind zu Ende, die Weihnachtsdekoration wird abgeräumt, der Weihnachtsbaum, falls nicht bereits davor geschehen, (bei manchen besonders eiligen, ängstlichen oder reinlichen Haushalten verschwindet er bereits am 25. oder 26. Dezember), wird abgeräumt und entsorgt.

Aber es dauert nicht lange, bis etwa ein halbes Jahr später, oft schon mit dem Sommer, die ersten Lebkuchen und Christstollen auftauchen, als erste Vorboten der nächsten kommenden Weihnachtszeit …

18

DER GROSSE WEIHNACHTSCOUNTDOWN – ADVENTSKRANZ UND ADVENTSKALENDER

Viele Weihnachtsbräuche haben eine sehr lange und weiter zurückreichende Tradition. Oft haben sie ihre Wurzeln sogar in vorchristlichen Feiern und Ritualen. Anders beim Adventskranz und beim Adventskalender. Obwohl es auch hier bestimmte Grundlagen und Vorformen gibt, sind beide doch eine vergleichsweise neue Erfindung, die sich auch erst langsam über den ganzen deutschen Sprachraum ausgebreitet hat.

Beide haben dieselbe Wurzel und waren sich ursprünglich viel ähnlicher, als man heute annehmen würde. Und im Gegensatz zu vielen anderen Bräuchen und Ritualen lässt sich die Erfindung in diesem Fall ganz konkret nachweisen, auf eine bestimmte Person und auf eine bestimmte Jahreszahl.

Der Erfinder des Adventskranzes war Johann Hin-

rich Wichern und das Jahr der Erfindung war 1839. Und das kam so: Johann Wichern war evangelischer Theologe, Erzieher und Begründer der evangelischen Diakonie – das Gegenstück zur katholischen Caritas. Ein Teil seiner Arbeit war die Betreuung von Straßenkindern in einer Art Waisenhaus in Hamburg. Um den Kindern die Zeit vor Weihnachten anschaulich vor Augen zu bringen, ließ Wichern dort den ersten Adventskranz aufstellen. Und von da an jedes Jahr. Sein Kranz unterschied sich allerdings von dem heute üblichen. Der erste Adventskranz war kein Kranz, sondern ein großes Wagenrad, auf dem Kerzen befestigt wurden. Das ist allerdings nicht der einzige Unterschied.

Die heute gebräuchlichen Adventskränze bestehen meist aus geflochtenen Zweigen von Nadelbäumen, fast immer Tannenzweige, mit vier großen Kerzen. Diese werden jeweils an den vier Adventssonntagen, also den Sonntagen vor dem Weihnachtsfest, angezündet. Jeden Sonntag kommt eine dazu. Man kennt das ja: »Erst eins, dann zwei, dann drei, dann vier …«

Das Wagenrad von Wichern war anders gestaltet. Es bestand zwar ebenfalls aus vier großen Kerzen, dazwischen befanden sich aufgesteckt aber noch eine große Anzahl kleiner Kerzen. Die kleinen Kerzen symbolisierten die Tage zwischen den Adventssonntagen, beginnend allerdings erst am Montag nach dem ersten Adventssonntag, weshalb die Anzahl der kleinen Kerzen nicht immer die gleiche war. Das ist einfach eine Frage

der Mathematik: Da die Adventssonntage in jedem Jahr je nach Kalender weiter oder näher von Weihnachten entfernt sind, immerhin bis zu sechs Tage Unterschied *(siehe Kapitel 17)*, gab es auf dem originalen Kranz in Hamburg jeweils zwischen 18 und 24 Kerzen. Dieser als Wichern-Kranz bezeichnete originale Adventskranz wird auch heute teilweise noch in evangelischen Kreisen Norddeutschlands verwendet. Im Gegensatz zu den Kränzen mit vier Kerzen wird während der gesamten Adventszeit jeden Tag ein Licht angezündet. Das sollte den Kindern ein besseres Verständnis für den zeitlichen Ablauf vor Weihnachten bringen und auch ein bisschen beim Zählenlernen helfen.

Die Idee des besonderen Kranzes verbreitete sich rasch in ganz Deutschland – allerdings in den meisten Fällen die vereinfachte Version mit vier Kerzen. Zuerst wurde sie nur im evangelischen Raum aufgegriffen, aber nach etwa 100 Jahren waren auch der katholische Süden und die Schweiz erobert. Im von den streng katholischen Habsburgern regierten Österreich dauerte es am längsten. Genau wie andere Weihnachtsbräuche, wie etwa der Weihnachtsbaum, wurden diese Neuerungen zuerst als heidnisch oder zumindest ketzerisch angesehen und strikt abgelehnt. *(Siehe dazu das Kapitel 1.)*

1925 wurde der erste Adventskranz in einer katholischen Kirche aufgehängt und zwar in Köln, 1930 auch in München. Um diese Zeit herum setzte sich im inzwischen nicht mehr von Adeligen regierten Österreich und

in der Schweiz der Brauch endgültig durch – und zwar nachhaltig.

Nach Jahren des Widerstandes zementierte sich der Weihnachtsschmuck gerade in katholischen Gebieten fest ein und ist heute nicht mehr wegzudenken. Im Gegenteil, die beiden größten Adventskränze der Welt sind jedes Jahr in Bayern und in Österreich zu bewundern. Der vom Durchmesser her größte hängt in Mariazell, wiegt sechs Tonnen und hat einen Durchmesser von zwölf Metern. In einer nicht ganz korrekten Anlehnung an den Kranz von Wichern besteht er aus vier großen und 20 kleinen Kerzen und wird somit ab dem 1. Dezember und nicht ab dem ersten Adventssonntag entzündet. Wobei entzündet nicht ganz stimmt, da es sich nicht um echte Kerzen handelt. Deshalb bewirbt auch das bayerische Kaufbeuren seinen Kranz als den »größten echten«. Der dortige hat zwar »nur« acht Meter Durchmesser, besteht dafür aber aus echten Zweigen und ist mit vier echten Kerzen bestückt – die immerhin fast zwei Meter hoch sind. Es gibt aber noch viele andere besonders große Exemplare für die Öffentlichkeit, sie hängen in Kirchen, stehen auf zentralen Plätzen oder sind Teil von Weihnachtsmärkten.

Der Brauch mit den Adventskränzen ist nicht international verbreitet. Er findet sich aber in allen das deutschsprachige Gebiet umgrenzenden Gebieten – etwa in Italien und Skandinavien, vor allem Norwegen, sowie eingeschränkt auch in anderen Ländern wie in England

oder den USA. Je nach Region sind die Kränze kein Hausbrauch, sondern manchmal nur in Kirchen zu finden, wie etwa im katholischen Irland. Tatsächlich expandiert der Brauch aber heute noch und wurde zum Beispiel erst vor kurzer Zeit auch von orthodoxen Familien übernommen, die aufgrund der längeren Fastenzeit vor Weihnachten einen Kranz mit sechs Kerzen aufstellen.

Überhaupt variieren die Kränze sehr, nicht nur vom Material her, das mittlerweile von Moos bis zu besteckten Styroporringen reichen kann. Auch symbolische Adventskränze, die einfach nur aus künstlerisch gestalteten Gestellen mit vier Kerzen bestehen, gibt es inzwischen in jeder Form und Größe. Die vier Kerzen für die Sonntage sind nicht immer gleichfarbig. Es gibt Abweichungen, besonders für katholische Haushalte. Hier sind meist drei der Kerzen violett, eine klassisch katholische liturgische Farbe, und eine rosa. Wobei die andersfarbige Kerze nicht, wie man als Laie annehmen könnte, für den vierten und letzten Adventssonntag vor Weihnachten steht, sondern für den … dritten. Dieser heißt nämlich in der katholischen Tradition »Gaudete« (Freut euch!), und soll die Freude über das nahende Fest symbolisieren. Dabei gilt das Rosa als »helleres Violett«, das die an sich ernste liturgische Farbe aufhellt. Auch in der protestantischen Tradition haben die vier Sonntage vor Weihnachten jeweils eine besondere Bedeutung und sind jeweils dem Einzug Jesu in Jerusalem, der Wiederkunft Christi, Johannes dem Täufer und schließlich Maria gewidmet.

Was sich allerdings nicht in den verwendeten Kerzenfarben niederschlägt.

Eine vielleicht parallele Entwicklung, vielleicht aber auch eine Zusammenführung der Idee des Adventskranzes und anderer älterer Traditionen stellt das in Teilen Österreichs und Bayerns vorkommende sogenannte Paradeisl dar. Dabei handelt es sich um vier Äpfel, manchmal echte, manchmal auch aus verschiedenen Materialien kunstvoll gefertigt, die durch sechs Verbindungen, meist Haselnussruten, zusammengesteckt werden. Die Verbindungsstücke selbst werden oft auch noch mit Zweigen von Nadelbäumen und anderem grünen Material geschmückt. Insgesamt ergibt sich eine dreiseitige Pyramide mit vier Eckpunkten. In jeden dieser vier Äpfel kommt nun eine Kerze, womit das Ganze als dreidimensionale Variante eines Adventskranzes fungieren kann, bei der an jedem Adventssonntag eine angezündet wird. Folgerichtig ist auch eine der unteren Kerzen meist andersfarbig. Der Ursprung dieser Tradition lässt sich nicht genau belegen und auch nicht datieren. Sicher ist nur, dass in Äpfel gesteckte Kerzen rund um die Weihnachtszeit ein alter Brauch sind.

Auch Varianten dieser dreiseitigen Pyramiden wie der sogenannte Klausenbaum oder Nikolausturm lassen sich bis ins 15. Jahrhundert zurückverfolgen. Allerdings ist nicht klar, ob auch hier Kerzen verwendet wurden und wie viele. Weiters zeigt sich eine gewisse Verwandtschaft mit den Weihnachtspyramiden des Erzgebirges. Und

auch der schlesische Putzapfel, bei dem vier sozusagen als Stuhlbeine fungierende Stecken einen einzelnen erhabenen Apfel stützen, in den wiederum Zweige und eine Kerze gesteckt werden, passt ebenfalls dazu. Namentlich und durch die Verwendung der Frucht verweist das Paradeisl auf den Paradiesapfel. Wie das religiös, nämlich in einer positiven Weise, mit einem vorweihnachtlichen Brauch zusammenpassen soll, lässt sich nur schwer erklären. Vermutlich ist es eine weitere Variation rund um Grüngewächs und symbolisierte Früchte (und der Sehnsucht nach den paradiesischen Zuständen im Sommer), die auch dem Weihnachtsbaum und vielen anderen weihnachtlichen Traditionen zu Grunde liegen.

Der Adventskranz mit vier Kerzen steht heute jedenfalls geradezu symbolhaft für die Vorweihnachtszeit, und findet sich auf Glückwunschkarten, in der Werbung und einer ganzen Reihe von Produkten. Wie und wann er gebastelt, gekauft oder entzündet wird, ist ebenfalls je nach Region oder sogar nach Haushalt unterschiedlich. Manche Familien entzünden ihn jeden Tag in der Früh, andere nur an den Morgen der Adventssonntage oder an deren Nachmittagen, vielleicht im Rahmen eines verwandtschaftlichen Beisammenseins, manchmal wird beim Entzünden gesungen … Die Variationen sind mannigfaltig.

Gekaufte Adventskränze im Blumenhandel, aber auch in Supermärkten sind übrigens alles andere als billig (obwohl sie nach dem ersten Adventssonntag meist etwas reduziert verkauft werden) und stehen damit manchmal

auch in der Kritik rund um die Kommerzialisierung des Weihnachtsfestes. Letzteres gilt auf jeden Fall noch viel mehr für den Adventskalender.

Der genaue Ursprung der Adventskalender lässt sich im Gegensatz zu den Kränzen nicht exakt bestimmen und datieren. Da sich der Brauch, die Tage bis Weihnachten zu zählen, in verschiedenen Formen zuerst um 1850 im protestantischen Norden Deutschlands nachweisen lässt, liegt die Vermutung nahe, dass es sich um eine Variante oder Nachahmung des Adventskranzes von Wichern handelt. Einige dieser frühen Kalender waren additiv, manche subtraktiv, soll heißen: Bei manchen Adventskalendern kam immer etwas dazu, bei anderen wurde es, was immer es auch war, weniger. So wurden in einigen Haushalten nacheinander 24 Bilder an die Wand gehängt, in anderen wurde jeweils ein Strohhalm in die Krippe gelegt und manchmal wurde die Zeit auch einfach mit 24 Kreidestrichen an eine Wand oder eine Tür markiert, wobei jeden Tag einer davon weggewischt wurde. Dazu gibt es andere Varianten, wie die auch heute noch gebräuchliche lange Weihnachtskerze, auf der 24 Markierungen angebracht sind: Jeden Tag wird die Kerze bis zur nächsten heruntergebrannt.

Ohne jetzt auf alle Details rund um deren Entstehung einzugehen, die war nämlich etwas holterdiepolter, die ersten gedruckten Adventskalender, so wie man sich diese heute klassisch vorstellt, wurden knapp nach 1900 hergestellt. Auch hier gab es zuerst unterschiedliche Va-

rianten, die – wie ja auch der Advent – ursprünglich nicht alle mit dem 1. Dezember begannen. Nach und nach setzte sich der Kalender mit 24 Fenstern oder Türen durch, wobei diese am Anfang auch unterschiedlich gestaltet waren. Das heißt, sie wurden nicht in allen Fällen aufgemacht, sondern etwa abgerissen und in ein beiliegendes Album geklebt.

Mit den 1920er-Jahren war der Brauch in der heutigen Form fest etabliert und es gab daraufhin geradezu eine Flut von künstlerisch gestalteten Kalendern. Auch die Inhalte veränderten sich. Waren am Anfang die Motive immer auf Weihnachten und die christlichen Traditionen bezogen, setzten sich im Laufe der Zeit immer mehr Kalender mit Bildern durch, die alles Mögliche zeigten, etwa Weihnachtsgeschenke wie Spielzeuge oder Teddybären. Einer der ersten dieser »profanen« Kalender zeigte ohne jeglichen Weihnachtsbezug moderne Transportmittel wie Eisenbahnen oder Flugzeuge. Übrigens lassen sich auch die ersten Formen von Schokolade-Adventskalender auf diese Zeit des ersten Booms zurückführen.

Und ab hier wird es, was die Kalender betrifft, unübersichtlich. Abgesehen von einer kurzen Unterbrechung in der Zeit des Nationalsozialismus, in der Weihnachtsbräuche allgemein zurückgedrängt und teilweise durch germanische Rituale ersetzt wurden, explodierte die Kreativität rund um den Vorwand nach lichten Zeitmesser geradezu. Soll heißen, der Struktur, den Formen und der Vielfalt der »Kalender« wurden keine Grenzen

mehr gesetzt – von täglichen Texten über tägliche Bilder bis hin zu 24 kleinen Geschenken für jeden Tag.

Ein Trend, der bis heute anhält und sich sogar noch stetig erweitert. Es gibt Adventskalender in Form von kleinen Schachteln oder Säckchen, die man selbst mit kleinen Überraschungen füllen kann, riesige Kartonmonster von Pappkalendern, die hinter ihren Türen alle nur denkbaren Arten von Spielzeug oder Süßigkeiten verbergen – von kleinen Plastikfiguren samt Zubehör über die Teile eines sich fortsetzenden Detektivrätsels sowie mit weiteren Überraschungen gefüllten Schokoeiern bis zu Bestandteilen eines großen Geschenks, das man im Laufe der Zeit zusammenbasteln kann – zum Beispiel ein flugfähiger Modell-Helikopter samt Fernsteuerung! Dazu gesellen sich kulinarische Adventskalender, etwa mit verschiedenen Teebeuteln oder Gewürzen, Adventskalender mit Duftproben von Parfums, Adventskalender für Tiere gefüllt mit Leckerlis, alkoholische Adventskalender mit 24 unterschiedlichen Biersorten oder auch unartige Adventskalender aus dem Sexshop.

Ohne das grundsätzlich werten zu wollen, aber sehr viel weiter kann man sich bei all dem von der ursprünglichen Idee wohl kaum entfernen … Wenn man das Weihnachtsfest allerdings, wie es immer mehr Menschen tun, weniger als die Feier der Geburt von Jesus Christus ansieht, sondern als ein Familienfest, bei dem man sich gegenseitig Geschenke überreicht, dann ist die Vorbereitung darauf in Form von unanständig teuren

bis zu in anderem Sinne unanständigen Kleinigkeiten wohl nur konsequent.

Dazu kommen noch verschiedene Online-Advents-kalender, von solchen, die kreative Geister ins Netz stellen bis zu solchen mit Rabattgutscheinen großer Ketten und Firmen ist alles dabei. Natürlich gibt es auch hier einen Gegentrend, der sich vor allem in selbst gebastelten und selbst gezeichneten Adventskalendern äußert, die zum Beispiel innerhalb der Familie hergestellt und an andere Familienmitglieder verschenkt werden. Oder »Adventskalender«, bei denen man nichts bekommt, sondern etwas gibt – etwa jeden Tag eine kleine karitative Spende, die gesammelt und am 24. Dezember einer Hilfsorganisation übergeben wird. Oder Adventsromane mit 24 Kapiteln, von denen jeden Tag eines gelesen werden soll. Oder Adventsfernsehserien mit täglich einer Folge. Oder Gebäude mit nach und nach erleuchteten 24 Fenstern oder – im wahrsten Sinne – weiß Gott, was noch mehr. Allen gemeinsam ist nur noch die Zahl 24. Und der damit verbundene Countdown.

19

VON BET LEḤEM UND NATS'RAT – WEIHNACHTEN IM HEILIGEN LAND

Israel ist ein jüdischer Staat mit einem großen muslimischen Bevölkerungsanteil. Christen leben nur sehr wenige in dem Land zwischen Jordan und Mittelmeer. Dennoch liegt hier Wurzel der christlichen Religion. Alle bedeutenden Stätten der biblischen Überlieferung befinden sich im israelischen Staat oder in den angrenzenden Palästinensergebieten. Verschiedene europäische Herrscher in früheren Jahrhunderten versuchten daher immer wieder, diese Region unter ihre eigene, sprich christliche Kontrolle zu bekommen. Das ist heute vorbei, aber die Bedeutung der heiligen Stätten für drei Weltreligionen hat sich nicht geändert und sorgt bekanntlich immer noch für neue Konflikte.

Die ganze Region ist sich ihrer Bedeutung für die Christenheit durchaus bewusst. Weshalb Tourismus zu den heiligen Stätten nicht nur nicht verhindert, sondern durchaus gefördert wird. Gerade rund um die Hohen Feiertage.

Nach biblischer Überlieferung wurde Jesus in der Stadt Bethlehem geboren. Heute liegt Bethlehem, hebräisch »Bet Leḥem«, arabisch »Bait Lahm«, im Westjordanland an der Südgrenze von Jerusalem. Was der Name als ganzer bedeutet, ist unklar, der erste Teil »bet« steht jedenfalls für Haus, der zweite Teil kann aber je nach Aussprache und sprachlicher Herkunft als Brot, Fleisch oder sogar Fisch interpretiert werden. Bethlehem wird in der Bibel, auch im Alten Testament, mehrmals erwähnt, dort insbesondere auch als Ort, an dem der erwartete Messias zur Welt kommen soll. Das sehen Christen als Bestätigung für Jesus als Messias an. Andere, darunter viele Historiker, vermuten wiederum, dass die Autoren der Bibel seinen Geburtsort genau aus diesem Grund vom Haus seiner Eltern in Nazareth auf Bethlehem verlegt haben, ob das nun den Tatsachen entspricht oder nicht. Näheres dazu im *Kapitel 15 über die biblische Überlieferung.*

Da die Eltern von Jesus schließlich nach langer Suche laut Neuem Testament einfach in irgendeinem namenlosen Stall untergekommen sind, lässt sich 2.000 Jahre später – und ließ sich nicht einmal 100 Jahre danach, als die ersten Christen sich dafür zu interessieren begannen – feststellen, wo dieser nun genau gewesen sein soll. Im Gegensatz zu unserer Vorstellung von einem kleinen Holzhäuschen dürfte der Stall allerdings eine für diesen Zweck genutzte Höhle gewesen sein, weshalb schon seit dem zweiten Jahrhundert nach Christi eine ganz bestimmte Höhle in Bethlehem als Geburtsort von Jesus

verehrt wird. Ja, bereits im Jahr 333 wurde an dieser Stelle die erste sogenannte Geburtskirche gebaut – genau genommen darüber. Im Laufe der Zeit wurde die Kirche in Teilen neu errichtet, umgebaut und erweitert. Was dabei immer frei blieb, war ein Loch im Boden beim Altar über der Erdhöhle, die als die Geburtsstelle von Jesus verehrt wird. Diese sogenannte Geburtsgrotte ist über Treppen begehbar und inzwischen ein reichlich geschmückter und ausgebauter Raum.

Bethlehem liegt heute in einem der Palästinensergebiete, dem Westjordanland. Und obwohl es nur ein Viertel christlicher Einwohner zählt, zwar mehr als sonst wo in der Gegend, aber immerhin doch eine deutliche Minderheit, wird der Ort auf viele Arten von der überlieferten Erlösergeburt dominiert. So gibt es eine große katholische Universität und das ganze Jahr hindurch werden in allen Teilen der Stadt, aber vor allem in der Gegend der Geburtskirche die verschiedensten Souvenirs vorwiegend in Form von christlich-religiösen Symbolen in eigenen Shops und von Straßenhändlern angeboten. Die Hauptsaison ist logischerweise Weihnachten.

Jedes Jahr im Dezember geht es in der Kleinstadt hoch her. Dabei gibt es sowohl liturgische Abläufe als auch touristische. Der liturgische Ablauf sieht so aus, dass der höchste katholische Würdenträger Israels, der lateinische Patriarch von Jerusalem, nach Bethlehem fährt und dort sowohl die Mitternachtsmesse als auch das Hochamt am 25. Dezember (Christtag) abhält. Üb-

rigens nicht in der Geburtskirche, sondern in der nahe gelegenen Katharinenkirche. Allerdings zieht er nach der Mitternachtsmesse mit einer Prozession zur Geburtskirche und durch sie hindurch bis zur Geburtsgrotte. Diese kirchliche Feier wird durch ein öffentliches Spektakel ergänzt. Wenn der Patriarch eintrifft, wird er an der Stadtgrenze von einem Trupp palästinensischer Pfadfinder empfangen, die ihn mit Trommeln und Dudelsackmusik in einem großen Aufmarsch durch die Stadt bis zu den Kirchen begleiten. Vorbei an einem großen künstlichen, aber reich geschmückten Weihnachtsbaum samt riesigem Stern auf der Spitze. Der handwerklich zusammengezimmerte »Baum« ist dabei jedes Jahr rund 16–17 Meter hoch und wird mit vielen Tausenden Lichterketten und Kugeln dekoriert. Der Weg wird von veritablen Menschenmassen, Einheimischen, christlichen Pilgern und Touristen gesäumt, die dem Ganzen in einer volksfestartigen Stimmung beiwohnen. Thematisch nicht ganz passend tragen viele dabei Weihnachtsmannmützen. Es gibt auch Weihnachtsmannballons und man sieht als Weihnachtsmann verkleidete Kinder.

Parallel zu der Feier in der Katharinenkirche, zu der es eine streng reglementierte Anzahl von Eintrittskarten gibt, gibt es auch andere mehr oder weniger christliche Feierlichkeiten, etwa auf den Hirtenfeldern.

Am Abend werden alle Straßen hell erleuchtet, es werden Weihnachtslieder auf einer eigens errichteten Showbühne gesungen und die ganze Stadt verwan-

delt sich in eine weihnachtliche Partyzone. Beschauliche Stimmung ist nicht zu finden – ganz im Gegenteil: Es gibt sogar Feuerwerk!

Rund 150.000 christliche Touristen zieht es jedes Jahr im Dezember in die Kleinstadt mit rund 30.000 Einwohnern. Aber auch viele Muslime feiern mit. Denn nach islamischem Glauben ist Jesus zwar nicht der Sohn Gottes, aber immerhin ein wichtiger Prophet.

Glücklicherweise für den Tourismus in Bethlehem sind sich die christlichen Kirchen über den genauen Termin des Weihnachtsfests bis heute nicht einig *(siehe Kapitel 7)*. Deswegen gibt es am 6./7. Januar noch einmal ein Weihnachtsfest für orthodoxe Christen und am 18./19. Januar eines für die armenische Kirche. Auch in Nazareth, der nach biblischer Überlieferung Heimatstadt von Jesus und dessen Eltern, finden zu Weihnachten eine Parade, Prozessionen und andere Festivitäten statt. Zentrum ist die Verkündigungsbasilika. Die heutige Kirche ist bereits die fünfte an dieser Stelle, die erste wurde wahrscheinlich schon im vierten Jahrhundert errichtet. Etwas kleiner aber noch älter ist die in der Nähe gelegene Gabrielskirche, die vor allem von orthodoxen Christen als der tatsächliche Ort der Verkündigung verehrt wird. Der Ort, an dem Maria der Erzengel erschienen ist – und zwar beim Wasserholen. Außerdem gibt es eine St. Josephskirche, die angeblich an der Stelle steht, an der Josef einst seine Tischlerwerkstatt betrieben hat.

Nazareth liegt im Norden Israels und wird im Ge-

gensatz zu Bethlehem nur im Neuen Testament erwähnt. Die Stadt liegt zwar auf israelischem Territorium, wird heute aber mehrheitlich von Moslems und Christen bewohnt. In der Weihnachtszeit gibt es auch dort einen großen Weihnachtsmarkt komplett mit Weihnachtsbaum und vielfältigen Angeboten. Wie auch in Teilen Bethlehems dominiert dabei billiger, meist in Fernost gefertigter Kitsch.

Gefeiert wird ähnlich wie in Bethlehem. Wobei sich immer wieder echte religiöse Traditionen, vor allem bei den Messen in den Kirchen, mit (westlicher) Kommerzialisierung des Festes mischen. So kann man auf den Wagen bei der Prozession Nachstellungen der Geburt Jesu im Stall sehen, aber auch seltsamere Interpretationen, wie jonglierende Engel in weißen Gewändern. Als einer der Höhepunkte werden in einem riesigen Schwarm ein Gemisch aus roten und grünen Luftballons losgelassen. Und auch hier gibt es ein Feuerwerk.

Nicht nur diese beiden Orte, sondern ganz Israel ist zur Weihnachtszeit ein beliebtes Ziel für christliche Touristen aus aller Welt. Und damit natürlich auch Jerusalem. Jerusalem ist ein eigenartiger Ort. Bereits vor dem Christentum, vor den Römern, ja sogar Jahrtausende vor dem Judentum war diese Gegend heiß umkämpft und wurde immer wieder von verschiedenen heute weitgehend vergessenen Völkern beansprucht und erobert. Vielleicht liegt das daran, dass der Nahe Osten, der mit seinem fruchtbaren Halbmond auch als Geburtsstätte des

Ackerbaus gilt, eine Art Schnittstelle zwischen drei Kontinenten ist. Im Osten geht's nach Asien, im Südwesten nach Afrika und im Nordwesten über Kleinasien hinweg nach Europa. Im ersten Jahrtausend nach Christus begann jedenfalls die neuzeitliche Auseinandersetzung um die Gegend und die Stadt. Juden beanspruchten Jerusalem für sich, aufgrund des ihnen heiligen Tempels, Christen wegen der Geschehnisse rund um Jesus bis hin zu seiner Hinrichtung und für Moslems gilt Jerusalem als der Ort, an dem Mohammed in den Himmel aufgestiegen ist. Die Kämpfe um die Vorherrschaft um die Heilige Stadt von drei Weltreligionen, zwei davon die größten auf unsere Erde, reichen von den blutigen Kreuzzügen bis zu den nicht minder blutigen Kämpfen und Kriegen zwischen Arabern und Juden in den letzten Jahrzehnten seit der Gründung Israels. Heute ist die Stadt geteilt, in einen jüdischen und einen muslimischen Teil. Was aber keine der vielen christlichen Regionen daran hindert, zumindest eine Kirche in Jerusalem zu betreiben. Daher ist Weihnachten auch in Jerusalem eine wichtige Zeit.

Interessanterweise sind viele der Besucher der heiligen Messen Israelis, die dem Ganzen eher aus Neugierde beiwohnen. In der Kirche der Benediktiner sind bis zu 90 Prozent der Besucher Juden. Da Bethlehem sehr nahe liegt und von einschlägig Interessierten leicht aufgesucht werden kann, sind die Feiern in Jerusalem selbst nicht so ausufernd. Aber auch hier gibt es Weihnachtsbäume und festliche Beleuchtung.

Mit den Weihnachtsbäumen in Israel ist es allerdings so eine Sache. Manche sind aus Plastik, manche sind wie der große in Betlehem zwar aus Holz, aber eine kunstfertige Konstruktion. Tatsächlich hat der Staat Israel extra für christliche Gemeinden zwischen Jerusalem und Tel Aviv einen eigenen Weihnachtsbaum-Nadelwald angepflanzt. Weil die nördlichen Weihnachtsbaumsorten dort nicht gedeihen, behilft man sich mit Ästen von anderen Nadelpflanzen wie Koniferen, aus deren Ästen man dann so etwas Ähnliches wie einen Weihnachtsbaum zusammenbastelt und leimt. Alle Jahre wieder eine einträgliche Beschäftigung für lokale Handwerker.

20

VON LAST CHRISTMAS BIS STIRB LANGSAM – WEIHNACHTEN IN POPMUSIK, TV UND FILM

Weihnachten als christliches Fest fand und findet hauptsächlich innerhalb von Kirchen und teilweise vor allem im ländlichen Raum auch bei Prozessionen, Weihen, Krippenspielen und anderen religiösen Ritualen statt. Weihnachten als familiäres Fest wiederum findet vor allem als geselliges Beisammensein in der Vorweihnachtszeit, dann natürlich am Heiligen Abend aber auch in den Tagen danach im familiären Rahmen statt.

Darüber hinaus hatte Weihnachten immer schon einen Platz im öffentlichen Raum und im öffentlichen Leben. Etwa bei Weihnachtsmärkten oder betrieblichen Feiern, früher bei Versammlungen von Ständen und Zünften. Aber seit einigen Jahrzehnten expandiert dieser Bereich ständig. Vor allem kommerziell im Handel mit einem immer größeren einschlägigen Warenangebot, aber auch durch immer zahlreichere Veranstaltungen mit

Eventcharakter. Zwar scheint sich langsam in Teilen der Bevölkerung eine gewisse Ermüdung betreffend der Tausenden »Weihnachts-irgendwas«-Angebote einzustellen, und so manches Übertriebene wird inzwischen dezent zurückgefahren, aber wir befinden uns definitiv noch immer im obersten Bereich der Glockenkurve.

Einer der auffälligsten Aspekte dieser öffentlichen weihnachtlichen Vielfalt findet sich im Bereich der Medien. Allen voran der Musik. Denn abgesehen von traditionellen Weihnachtsliedern *(siehe Kapitel 9)* oder kirchlichen Oratorien gibt es seit über 100 Jahren eigene Kompositionen rund um das Christfest, die dem Bereich der Populärmusik zuzuordnen sind. Ob bekannter Sänger, bekannte Sängerin, bekannte Gruppe oder Chöre des letzten Jahrhunderts: Es gibt kaum jemanden musikalisch Prominenten, der kein eigenes Weihnachtslied produziert oder zumindest eines gecovert hat. Und so setzen schon seit einer Weile viele Menschen den Beginn der Weihnachtszeit nicht mit dem Öffnen des ersten Türchens des Adventskalenders oder dem ersten Adventssonntag an, sondern mit dem Zeitpunkt, zu dem sie das erste Mal im Kaufhaus oder Radio »Last Christmas« zu hören kommen. Oder sobald ein boshafter Freund ihnen einen Link zu dem Lied über soziale Medien zusendet.

Die ganz Vielfalt dieser Popsongs, deutschsprachig wie international, lässt sich in einem Kapitel nicht abbilden. Vermutlich nicht einmal in einem eigenen Buch, maximal in Form eines Registers. Generell kann man aber

sagen, dass es eine gewisse, genau abgegrenzte Bandbreite der Kategorien dieser Lieder gibt. Diese reicht von eher christlichen Themen (von der Verkündigung bis zur Geburt des Heilands) über das Besingen diverser Figuren der Weihnachtsgeschichte (von Maria bis zu individuellen Hirten) über Gesänge über diverse Weihnachtstraditionen (von Keksen bis Geschenken) über Lieder zu fiktiven weihnachtlichen Figuren (von Santa Claus bis Rudolf) über winterliche Themen (von dunklen Nächten bis hellen Lichtern) bis hin zu humoristischen und parodistischen Liedern rund um all diese Themen – sei es das erotisch-frivole »Santa Baby« oder das anarchistische »Grandma was Run Over by a Reindeer«. Auch einheimische kabarettistische Lieder über Weihnachten gibt es nicht wenige, zum Beispiel »Weihnachten ist eine schöne Zeit« von Georg Kreisler oder »Winterzeit in Wien« von Hape Kerkeling.

In der »Holiday 100 Chart« des amerikanischen Chart-Kaisers Billboard (aufgrund von diversen Sensibilitäten in den USA heißt die Liste nicht »Christmas 100 Chart«) wurde Anfang 2020 wie jedes Jahr ein Ranking der populärsten Weihnachtslieder Amerikas aufgrund von Verkaufszahlen und Airplay, also wie oft die Songs im Radio gespielt werden, ausgewiesen. Auch deutschsprachige Sender würden wohl zu einem ähnlichen Ergebnis kommen, vielleicht mit einer geringfügig anderen Platzierung.

Hier nun die ersten 30 Lieder der Liste der größten

Weihnachtshits aller Zeiten. (Anmerkung: Es handelt sich um die populärsten *Interpretationen*, nicht immer sind sie identisch mit dem Originalkünstler.)

* All I Want For Christmas Is You – Mariah Carey
* Rockin' Around The Christmas Tree – Brenda Lee
* Jingle Bell Rock – Bobby Helms
* A Holly Jolly Christmas – Burl Ives
* It's The Most Wonderful Time Of The Year – Andy Williams
* Last Christmas – Wham!
* Feliz Navidad – Jose Feliciano
* Let It Snow, Let It Snow, Let It Snow – Dean Martin
* The Christmas Song (Merry Christmas To You) – Nat King Cole
* Sleigh Ride – The Ronettes
* Rudolph The Red-Nosed Reindeer – Gene Autry
* Happy Holiday / The Holiday Season – Andy Williams
* It's Beginning To Look A Lot Like Christmas – Perry Como And The Fontane Sisters
* Christmas (Baby Please Come Home) – Darlene Love
* Underneath The Tree – Kelly Clarkson
* Here Comes Santa Claus (Right Down Santa Claus Lane) – Gene Autry
* Run Rudolph Run – Chuck Berry
* (There's No Place Like) Home For The Holidays – Perry Como
* Blue Christmas – Elvis Presley

- ❄ White Christmas – Bing Crosby
- ❄ Jingle Bells – Frank Sinatra
- ❄ Like It's Christmas – Jonas Brothers
- ❄ Baby It's Cold Outside – Dean Martin
- ❄ You're A Mean One, Mr. Grinch – Thurl Ravenscroft
- ❄ Deck The Halls – Nat King Cole
- ❄ Happy Xmas (War Is Over) – John & Yoko / The Plastic Ono Band With The Harlem Community Choir
- ❄ Little Saint Nick – The Beach Boys
- ❄ Please Come Home For Christmas – Eagles
- ❄ Santa Tell Me – Ariana Grande
- ❄ Cozy Little Christmas – Katy Perry

Natürlich ist diese Liste nicht vollständig und freilich gibt es nicht nur populäre Weihnachtslieder aus dem amerikanischen Sprachraum. Nachdem diese allerdings durchaus unsere Ätherwellen dominieren, ist eine Liste der größten englischsprachigen Hits durchaus repräsentativ für die Beschallung zur Weihnachtszeit.

Selbstredend haben im Laufe der Zeit auch alle großen populären Musiker des deutschsprachigen Raums, von Schlager bis Volksmusik, von Pop Rock bis Avantgarde, Weihnachtslieder herausgebracht oder Weihnachtsalben besungen. Und natürlich gesellen sich jedes Jahr neue Lieder dazu. Denn Weihnachten, Geburtstag, Liebe (nicht unbedingt in dieser Reihenfolge) decken zusammengefasst die Themen der erfolgreichen Lieder der Popgeschichte ab.

Einen eigenen Bereich stellen auch noch Pop- beziehungsweise Schlager-Weihnachtslieder für Kinder dar, komponiert und vorgetragen von den üblichen Verdächtigen unter den großen Kinder-Entertainern des deutschsprachigen Raums. Wer weiß, wer damit gemeint ist, weiß, wer und was damit gemeint ist.

Ein zweiter großer Bereich der medialen Verwurstung des Geburtstagsfests Jesu stellen Weihnachtsfilme dar. Und in geringerem Maße Weihnachtsfernsehserien. Weihnachtsfilme gibt es fast so lange, wie es Filme gibt, wobei sich diese als mittlerweile explizite Kategorie (etwa als Suchkriterium auf Streamingplattformen) erst im Laufe der Jahre herauskristallisiert haben. Ursprünglich gab es immer wieder Filme, die in irgendeiner Form mit Weihnachten zu tun hatten oder in denen Motive rund um Weihnachten vorkamen.

Einige der populärsten Weihnachtsfilme, die rund um Weihnachten im Fernsehen gezeigt werden, haben gar nichts mit Weihnachten zu tun.

So gehören zu den weltweit populärsten »Weihnachtsfilmen« etwa auch »The Sound of Music« (der auf der ganzen Welt weltberühmt ist, nur nicht in Österreich und Deutschland, wo die Handlung stattfindet) oder die »Sissi«-Trilogie. Dazu kommen auch Märchenfilme wie »Drei Haselnüsse für Aschenbrödel« oder Filme mit ganz anderen Themen wie die Verbrecherkomödie »Wir sind keine Engel« mit Humphrey Bogart und Peter Ustinov oder der Actionfilm »Stirb langsam« mit Bruce Willis,

deren Handlung einfach zufällig am Heiligen Abend spielt.

Im Laufe der Zeit steckte aber immer mehr Absicht dahinter – und immer mehr Filme mit der vollen Bandbreite an Motiven, wie bereits oben bei den Liedern erwähnt, wurden speziell für das Weihnachtsgeschäft produziert. Wobei hier der Bereich der religiösen Filme eher abfällt und der Bereich der humoristischen und romantischen Filme dominiert. Denn sehr oft geht es vor allem darum, ein schönes, friedliches und somit weihnachtliches Gefühl zu vermitteln, wie bei dem Klassiker »Ist das Leben nicht schön?« oder »Tatsächlich Liebe«. Manche werden auch immer und immer wieder verfilmt, etwa »Das Wunder von Manhattan« (auch: »Das Wunder der 34. Straße«), dessen erste Fassung bereits aus dem Jahr 1947 stammt. Andere fallen sowohl unter den Bereich Weihnachts- wie auch Humorklassiker, wie »Kevin – Allein zu Haus«, »Versprochen ist versprochen« mit Arnold Schwarzenegger oder »Die Geister, die ich rief …« mit Bill Murray, der sich einerseits humorvoll mit einem anderen medialen Weihnachtsklassiker – nämlich der Weihnachtsgeschichte von Charles Dickens – auseinandersetzt und andererseits gerade die übermäßige Kommerzialisierung des Weihnachtsfestes tüchtig auf die Schaufel nimmt.

Ein eigenes Segment innerhalb der Weihnachtsfilme sind die Weihnachtsfilme für Kinder, insbesondere im Bereich der Zeichentrickfilme. Durch schnellere Herstel-

lungsmethoden und immer mehr produzierende Studios ist die Anzahl dieser Streifen in den letzten zwanzig Jahren exponentiell gewachsen. Unabhängig davon gehören zu den größten Klassikern zu Weihnachten Disney-Filme, egal ob Zeichentrick oder real, egal ob mit weihnachtlichem Thema oder ohne, die gern rund um die Feiertage von vielen Sendern rauf und runter gespielt werden.

Eine relativ neue Entwicklung aufgrund neuer Technologien stellen Weihnachtsfilme auf speziellen Streamingkanälen dar. Besonders Netflix hat sich in den letzten Jahren ein großes Repertoire solcher nur für das Abo-Publikum sichtbaren Streifen geschaffen.

Weihnachtsserien im Fernsehen sind im Vergleich zu Filmen nicht so häufig. Eine Besonderheit stellen dabei im deutschen Sprachraum die Geschichten rund um den lebendig gewordenen Sack des Weihnachtsmanns »Beutolomäus« dar. Rund um diese Figur gibt es bereits elf verschiedene TV-Serien, produziert vom Kindersender KiKa, von denen jeweils eine jedes Jahr in der Adventszeit ausgestrahlt wird. Übrigens verweisen einige der Flicken auf dem Sack auf die Logos des Senders, auch wenn er laut Herkunftsgeschichte bereits im Mittelalter lebendig wurde …

Oder die französische Zeichentrickserie »Weihnachtsmann & Co. KG«, die seit 2002 jährlich auf dem Privat-TV-Sender Super RTL ausgestrahlt wird.

Abgesehen von eigenen Weihnachtsserien gibt es in vielen, wenn nicht fast allen länger laufenden Fernseh-

serien eine oder mehrere Weihnachtsepisoden. Oft sind diese sehr beliebt und werden gern von verschiedenen Fernsehsendern auch einzeln, also nicht im Rahmen einer Wiederholung der ganzen Serie, rund um Weihnachten ausgestrahlt. Das betrifft sowohl Weihnachtsfolgen berühmter Kinderserien wie »Pippi Langstrumpf« (»Pippi und das Weihnachtsfest«) als auch jede andere Gattung von Serien, seien es Western, Krimis, Familiendramen, Comedy-Serien oder Fantasy und Science-Fiction. Eine besondere Stellung nimmt im Bereich der Science-Fiction die britische Serie »Doktor Who« ein, für die jedes Jahr eine Weihnachtsepisode produziert wird, die sehr oft einen Höhepunkt oder Wendepunkt innerhalb der Storyline der Serie darstellt. Die Ausstrahlung der neuen Weihnachtsfolge stellt mittlerweile nicht nur für Fans im Vereinigten Königreich, sondern weltweit einen jährlichen Fixpunkt dar und wird in vielen Städten weltweit im Kino übertragen.

Obwohl Lieder, Filme und Fernsehepisoden den medialen Weihnachtssektor dominieren, gibt es natürlich auch in allen anderen erdenklichen Medien weihnachtsbezogene Produkte. Besonders üppig ist der Buchbereich zu nennen, und zwar quer durch alle Kategorien.

Etwa Romane, die bis zu Karl Mays »Weihnachten im Wilden Westen« zurückreichen, dazu Sammlungen von Kurzgeschichten sowie weihnachtliche Sachbücher aller Art – von Weihnachtsliederbüchern, Weihnachtsdekorationsbastelbüchern, Weihnachtsstrickbüchern,

Weihnachtsbackbüchern und dem neuen Trend der Weihnachtsadventsbücher mit 24 Kapiteln bis hin zu Büchern über Weihnachtstraditionen – die letzteren beiden Kategorien treffen auch auf das zu, das Sie gerade in der Hand halten. Ein besonders großes Gebiet innerhalb dieses bereits enormen Bereichs sind dabei Weihnachtsbilderbücher, die besonders gern zum Nikolausfest oder als Nebengeschenk zu Weihnachten verschenkt werden. Auch hier reicht die Palette von exquisiten kunstvollen Büchern wie etwa »Der Weihnachtsmann mit Brille und Glatze« der bekannten Kinderbuchautorin Mira Lobe über Weihnachtsbücher innerhalb von Kinderbuchserien (etwa »Weihnachtsbriefe von Felix«), billige Massenware rein kommerziell orientierter Billigverlage bis hin zu traditionellen Weihnachtsserien der berühmtesten Mini-Kinderbücher des deutschsprachigen Raums, der Pixi-Bücher des Carlsen Verlags. Diese 10 × 10 Zentimeter messenden und 24 Seiten umfassenden Büchlein gibt es seit 1954. Manche davon sind verkürzte und verkleinerte Ausgaben anderer Kinderbücher, manche wurden und werden extra als Originalausgabe hergestellt. Insgesamt gibt es über 2.000 verschiedene Titel, darunter eine erkleckliche Anzahl von Weihnachtsbüchlein. Wobei es auch innerhalb dieser eine große Themenpalette gibt – von Weihnachtsgedichten, Weihnachtsliedern und kirchlichen Themen über Weihnachtsepisoden mit bekannten Kinderbuchcharakteren (etwa dem Bären Petzi oder Conni, dem blonden Mädchen mit der roten Schleife im Haar)

und einer Vielzahl von Geschichten, die einfach irgendwie mit Weihnachten oder dem Winter zu tun haben – sei es das Keksebacken in der Familie oder die Rettung eines abgestürzten Engels. Ebenso gibt es hochwertige und von prominenten Kinderbuchautorinnen und Kinderbuchautoren exklusiv hergestellte kleine Weihnachtsgeschichten sowie völlig absurde Büchlein wie »Der hungrige Weihnachtsmann« oder »Der Mondfrosch«, das richtig gruselig ist. (Sollten Sie letzteren Titel nicht kennen, glauben Sie mir … vermeiden Sie ihn.)

Übrigens gibt es noch viel mehr Mini-Weihnachtsbücher, auch von anderen Verlagen. Wie die Pixi-Buch ähnliche Serie Coppenrath Mini-Lino, die mit »Es war am Heiligen Abend« das Repertoire vorweihnachtlicher Figuren um den »Weihnachtsraben« Edwin erweiterte.

Ein letzter und eher neuer Bereich in der Sammlung der medialen Verarbeitung von Weihnachten sind Videospiele. Hier gibt es einige mit weihnachtlichen Themen, wenn auch nicht allzu viele. Was aber inzwischen immer verbreiteter wird, sind weihnachtliche Ereignisse, weihnachtliche Bonusgegenstände oder weihnachtliche Bekleidungen (»Skins«) für Charaktere in einer ganzen Reihe von Online-Multiplayer-Games, von denen einige immer wieder auf aktuelle Jahreszeiten und Ereignisse Bezug nehmen. Bei manchen dieser Spiele lässt sich auch der Zeitindex verstellen und man kann somit via Cheat im Spiel das ganze Jahr über Weihnachten stattfinden lassen.

21

BATTLE ROYAL: CHRISTKIND VS. WEIHNACHTSMANN – ÜBER DIE URSPRÜNGE UNSERER GABENBRINGER

Je nachdem wo und wie man aufgewachsen ist, mag die folgende Information mehr oder weniger erstaunen: Das Christkind ist nicht Jesus. Also, eigentlich schon, aber dann auch wieder nicht. Ebenso ist der Weihnachtsmann nicht der Heilige Nikolaus. Oder eben doch. Es ist kompliziert. Denn tatsächlich hängt die Antwort auf die Frage nach der tatsächlichen Identität dieser vorweihnachtlichen beziehungsweise weihnachtlichen Figuren davon ab, wen man fragt.

Bewegt man sich in gläubigen christlichen Kreisen, dann ist es selbstverständlich, dass es so etwas wie den Weihnachtsmann nicht gibt, sondern er, wenn überhaupt, einfach eine Variation von Sankt Nikolaus darstellt. Ebenso versteht sich von selbst, dass unter dem Christkind nichts anderes zu verstehen ist als das Jesus-

Kindlein in der Krippe. Wieso diese beiden dann jedoch am Heiligen Abend beziehungsweise am Weihnachtstag Geschenke bringen sollen, ergibt sich daraus nicht wirklich. Eigentlich tut der Nikolaus das an dem ihm geweihten Tag, dem 6. Dezember *(siehe dazu Kapitel 6)*. Und wieso ausgerechnet ein neugeborenes kleines Baby in der Lage sein soll, jedes Jahr der ganzen Welt Geschenke zu bringen, verwirrt sehr oft die Köpfe von kleinen, besonders katholisch aufwachsenden Kindern.

Fangen wir beim Christkind an. Je weiter entfernt man vom christlichen Glauben aufwächst – sagen wir in einer nur dem Namen nach christlichen, andersgläubigen oder säkularen Familie – desto eher hält man das Christkind für eine Art blonden Engel, tendenziell weiblich, der jedes Jahr mit einer Schar von Helfern, meistens ebenfalls Engel oder auch Wichtel, in der Weihnachtswerkstatt Geschenke bastelt, die anschließend magisch unter die Bäume in den Wohnzimmern gezaubert werden. Manchmal wird das Christkind auch auf einer Art fliegendem Schlitten dargestellt, manchmal auch gezogen von Rentieren oder anderen Waldtieren. Das Glöckchen, das vor der Bescherung in vielen Haushalten geläutet wird, worauf die Kinder das Zimmer betreten dürfen, stellt für viele auch den Klang dar, den das engelhafte Christkind produziert, wenn es wieder davonflattert. Diese Darstellung des Christkinds wird auch durch Erzählungen und leibhaftige Darstellungen genährt. So gibt es junge Frauen, die engelhaft verkleidet mit Heiligenschein bei

Weihnachtsmärkten oder anderen Gelegenheiten auftreten sowie zahllose Bilderbücher, Hörspiele und Filme, in denen das geschenkebringende Wunderwesen ebenfalls als kindlicher Engel dargestellt wird.

Tatsächlich handelt es sich bei dieser Interpretation um eine Reihe von Missverständnissen, die sich gegenseitig überlagern und zu dieser alles anderen als christlichen Kunstfigur geführt haben. Da wäre zum einen die Tatsache, dass am Weihnachtstag schließlich der Geburt von Jesus in Bethlehem gedacht wird. Kurz darauf tauchen in einer der biblischen Überlieferungen *(siehe Kapitel 14)* die Heiligen Drei Könige auf, die – es sei auch an dieser Stelle erwähnt, weder heilig noch Könige waren und vielleicht auch nicht drei – dem Neugeborenen huldigen und ihm Geschenke bringen. Das ist eine der Quellen für die Tradition, einander zu Weihnachten etwas zu schenken. Der Geschenkebrauch hat aber sicher auch andere Ursprünge, teilweise liegen diese in römischen und anderen heidnischen Festen, die um die Zeit der Wintersonnenwende abgehalten wurden. Und auch im Judentum werden die Kinder zum Lichterfest Chanukka, das je nach Mondkalender mehr oder weniger um dieselbe Zeit stattfindet, beschenkt. In gewisser Weise handelt es sich bei der weihnachtlichen Bescherung um eine Umkehrung: Statt dass das neugeborene Jesuskind beschenkt wird, werden wir beschenkt. In mancher religiösen Interpretation wird das übrigens durchaus logisch damit begründet, dass Jesus ein Ge-

schenk Gottes an die Menschheit ist und die Geschenke zu Weihnachten daran erinnern sollen.

Gut. Damit wäre zumindest einmal geklärt, wieso man zu Weihnachten in vielen Traditionen vom Christkind beschenkt wird. Noch immer nicht geklärt ist jedoch die Wandlung des Knaben in der Krippe zum weiblichen Engel. Diese Übertragung scheint im Laufe der Zeit durch die Weihnachtskrippen und künstlerischen Darstellungen der Geburt im Stall entstanden zu sein. Vor allem aber durch die Krippenspiele. Denn auch hier wird das Jesuskind oft von jungen Kindern, bevorzugterweise mit langem blondem Haar dargestellt. Und da sich langes blondes Haar meist eher bei Mädchen findet, fiel die Wahl oft auf diese. Die Vorstellung von dem (blonden) lockigen Haar hat sich nicht zuletzt durch das Weihnachtslied aller Weihnachtslieder »Stille Nacht, heilige Nacht« *(siehe Kapitel 24)* in unsere Köpfe geschlichen, die wiederum auf malerische Darstellung des Jesuskinds in Kirchen zurückgeht. Wobei eine solche Kopfbehaarung bei der semitischen Herkunft von Jesus von Nazareth mehr als unwahrscheinlich ist. Allerdings hat sich die Vorstellung, wie Jesus möglicherweise ausgesehen hat, im Laufe der Jahrhunderte immer wieder stark gewandelt und ist vor allem auch regional sehr unterschiedlich. Aber das ist eine andere (lange) Geschichte.

Irgendwann kam es zu dieser Überlagerung zwischen Kind und Engel, der ja im Krippenspiel auch eine Rolle spielt, und die Kommerzialisierung der letzten 100 Jahre

hat den Rest dazu beigetragen. Heute hat sich das Christkind, dort wo man an es glaubt, als kleines barfüßiges Mädchen im langen wehenden Kleid mit Engelsflügeln und Heiligenschein durchgesetzt. Wenigstens an dieser Stelle hat sich eine alte feministische Vision erfüllt: Gott ist eine Frau. Oder zumindest ein Mädchen.

Übrigens war das Christkind nicht immer katholisch, es ist ursprünglich eine protestantische Erfindung, die in gewisser Weise auf Martin Luther zurückgeht. Da er die Heiligenverehrung ablehnte und per Reformation abschaffte, hatte auch der Nikolaus als Gabenbringer ausgedient. Dadurch verlagerte sich das Geschenkebringen auf das Weihnachtsfest und mangels anderer Figuren war der Gabenbringer Jesus selbst. In der ebenfalls protestantischen Schweiz wurden die Geschenke teilweise am Neujahrstag übergeben und der Geschenkebringer wurde Neujahrskind genannt. Im Laufe der Zeit wurde das Christkind im protestantischen Norden des deutschsprachigen Raums allerdings immer mehr (wohl auch durch nordöstliche Einflüsse) durch den Weihnachtsmann verdrängt, während in der Schweiz der Nikolaus in neuer Gestalt als Chlaus ein Comeback erlebte. Daher findet sich die Tradition des Christkinds heute vor allem im katholischen Glaubensbereich in Mittel-Osteuropa, grob in der Gegend des ehemaligen Habsburgerreichs – auf Tschechisch heißt es etwa »Ježíšek« und auf Ungarisch »Jézuska« – sowie, vermutlich durch die Vermittlung österreichischer Einwanderer, auch in Südbrasilien.

Im Rest der westlichen sowie christlichen Welt dominiert der Weihnachtsmann.

Rund um diesen und seine Herkunft gibt es viele Annahmen und Missverständnisse. Manchmal wird er einfach mit dem Heiligen Nikolaus gleichgesetzt, andere halten ihn für eine Erfindung von Coca-Cola. Wobei an diesen beiden Aussagen jeweils sogar ein wenig Wahrheit dran ist.

Der heilige Nikolaus *(siehe Kapitel 6)* ist *natürlich* eine der Vorlagen für den Weihnachtsmann. Das erkennt man allein daran, dass er auf Englisch und auch in anderen Sprachen als Santa Claus bekannt ist, was nichts anderes bedeutet als »Heiliger Klaus«, und Klaus ist eine Kurzform für Nikolaus. Ein anderer Hinweis auf diese Herkunft ist, dass Santa Claus immer wieder (früher sogar fast immer) in einer abgewandelten Bischofstracht dargestellt wurde, die traditionelle Darstellung des heiligen Nikolaus, der Bischof von Myra war. Doch der Nikolaus-Brauch ist nur eine der weihnachtsmännlichen Quellen. Eine andere ist die der russischen Figur Väterchen Frost, »Ded Moros«, oder auch Großväterchen Frost, »Djeduschka Moros«. Bei diesem handelt es sich um eine alte Sagen- beziehungsweise Märchenfigur, eine Personifizierung des Winters, die weit in die heidnische Vergangenheit zurückreicht. In älteren Darstellungen ist Väterchen Frost meist blau-weiß gekleidet, was auf seine Verbindung zu Eis und Schnee hinweist. In moderneren Darstellungen trägt er auch rot-weiß. Von dieser Figur

hat die moderne Version des Weihnachtsmanns vor allem die winterliche Kleidung übernommen. Denn, während weder Gewand noch Bischofshut den Nikolaus ausreichend vor Kälte schützen würde (wozu auch, schließlich war er ja Bischof in der heutigen Türkei), ist Väterchen Frost zumeist mit Pelzmütze, pelzgefüttertem Mantel und Winterstiefeln unterwegs. Beiden gemein ist jedenfalls der dichte, lange weiße Bart. Vor allem in der Zeit der Sowjetunion, als man versuchte die Religion so weit wie möglich zurückzudrängen, erlebte Väterchen Frost einen großen Aufschwung, der im Osten heute noch anhält. Väterchen Frost wird übrigens immer von einem kleinen Mädchen, seiner Enkelin namens »Snegurotschka« (Schneeflöckchen) begleitet.

Eine dritte Quelle für den Weihnachtsmann ist auf den ersten Blick nicht sofort ersichtlich – es ist Knecht Ruprecht. Dieser Begleiter des Nikolaus existiert in vielen Varianten. Während Nikolaus in südlicheren Gegenden eher von einer Art Teufel (Krampus) begleitet wird, ist der Knecht im nördlichen deutschen Sprachraum bekannt und verbreitet. Obwohl zumindest der Name ebenfalls auf eine südliche Herkunft schließen lässt. Sprachforscher vermuten in seinem Namen dem Bestandteil »Percht«, was auf die Perchten, oft teuflische Wintergeister in der alpenländischen Tradition, verweisen würde. Jedenfalls ist auch Knecht Ruprecht kein angenehmer Geselle und während der Nikolaus den braven Kindern Geschenke bringt, bestraft er die schlimmen oder gibt ihnen

statt der erhofften Gaben ein Stück Kohle. Im ärgsten Fall wurde sogar damit gedroht, dass die schlimmen Kinder von ihm in den über seiner Schulter getragenen Sack gesteckt und mitgenommen würden. Und damit finden sich auch gleich mehrere Themen, die später vom Weihnachtsmann aufgegriffen wurden: Auch er trägt einen Sack, in dem er allerdings seine Geschenke mit sich führt, und auch er gibt, zumindest in der älteren Tradition, den schlimmen Kindern Kohlestücke. Außerdem entspricht die Darstellung von Knecht Ruprecht, der wie Väterchen Frost ebenfalls sehr winterlich gekleidet ist, in vielen Details den späteren Darstellungen des Weihnachtsmanns.

Auch andere Verwandte und Varianten von Wintergeistern und dem Heiligen Nikolaus flossen vermutlich in das heutige Gesamtbild ein. Mehr zu diesen auch im *Nikolaus-Kapitel 6*. Wann genau, wo genau und wie genau sich alle diese Traditionen vereint und überschnitten haben, ist nicht klar. Es lässt sich vermutlich auch nicht klären, da es wohl nicht auf einmal und plötzlich an einem Ort geschah, sondern über die Zeit verteilt an vielen Stellen auf verschiedene Arten.

Die Figur des Weihnachtsmanns findet sich jedenfalls bereits in Darstellungen aus dem 19. Jahrhundert. In der Vermischung der verschiedenen Elemente trug er da zwar schon eine winterliche, weihnachtliche Tracht, aber nicht unbedingt in Rot. Braun, blau, grün ... es gibt Weihnachtsmänner in allen möglichen Mänteln. Manchmal wird er auch von einer Art Winterkind (wie Väter-

chen Frost) begleitet und manchmal von einem kleinen Engel (das von manchen auch als Christkind interpretiert wurde). Der frühe Weihnachtsmann ist allerdings im Gegensatz zu heute näher an der Darstellung des Nikolaus und meist ein großer, hagerer Mann. Die heute übliche rundliche, pausbäckige Figur geht wie auch viele andere seiner heute bekannten Attribute auf den englischen Sprachraum zurück. Hier verbreitete sich Santa Claus zuerst in Form von fröhlichen Weihnachtsgedichten, die den sich gerade etablierenden Santa Claus so üppig beschrieben. Diese optisch nicht fixierte Gestalt wurde in der zweiten Hälfte des 19. Jahrhunderts in den USA durch Zeichnungen des Deutsch-Amerikaners Thomas Nast schließlich verfestigt, der ihn als gemütlichen älteren Herrn mit Pfeife darstellte und in den Farbversionen rot-weiß kolorierte. Zu dieser Zeit avancierte der Weihnachtsmann auch langsam zur Werbefigur, erstmals wahrscheinlich für ein Ginger Ale der Firma »White Rock Beverages«, und wurde dann immer öfter zur weihnachtlichen Bewerbung von Produkten herangezogen.

Und dann kam Coca-Cola. Der Zeichner Haddon Sundblom kreierte 1932 aus allem Vorhergehenden – optisch wie inhaltlich – eine Werbefigur für eine Kampagne des Getränkeherstellers. Statt der Pfeife erhielt Santa eine Colaflasche in die Hand gedrückt und seitdem zieht der Coca-Cola-Weihnachtsmann werbetechnisch durch die Lande und hat das Bild dieser Figur nachhaltig verfestigt. Somit ist Mr. Claus heute eindeutig ein älterer

Herr, manchmal mit Brille, auf jeden Fall mit weißem Bart, einer winterlichen rot-weißen Kleidung sowie einer winterlichen rot-weißen Mütze mit braunem Gürtel und braunen Stiefeln.

Auch die weiteren mythologischen Elemente des Weihnachtsmanns sind ein Sammelsurium aus früheren Traditionen: Er fährt (fliegt) mit einem Schlitten, der von Rentieren gezogen wird, er kommt durch den Kamin, man offeriert ihm Milch und Kekse als Gabe, er führt eine Liste, auf der die bösen und guten Taten der Kinder vermerkt sind, er bringt die Geschenke, die er aus seinem über dem Rücken getragenen und offenbar unendlichen Sack holt – und vor allem im englischen Sprachraum in große Strümpfe legt, die man über dem Kaminfeuer befestigt – und vieles andere mehr. Zahllose amerikanische Filme, Comics, Romane, Lieder und andere Darstellungen haben den Kosmos rund um den Weihnachtsmann beständig erweitert und tun es noch heute. Etwa um seine Frau Mrs. Claus, um Rudolph mit der roten Nase, um seinen Wohnort am Nordpol, um die fleißigen Elfen als Helfer bei der Spielzeugherstellung und um vieles mehr. Tatsächlich wird diese Mythologie auch heute noch weiterentwickelt und weitergestrickt. In den letzten Jahren wurden die Begleiter von Santa, vor allem seine Elfen, verstärkt ethnisch divers dargestellt, damit sich auch dunkelhäutige beziehungsweise asiatische Kinder in den USA angesprochen und vertreten fühlen können.

Im deutschen Sprachraum werden allerdings viele

dieser Details und Ausschmückungen noch immer als fremd und Übernahme empfunden. Dort, wo bei uns der Weihnachtsmann zu den Kindern kommt, findet sich eher eine lebendige Mischung aus alten, teilweise lokalen Traditionen mit aus dem anglophonen Sprachraum stammenden Einflüssen.

Den Kindern dürfte all das jedoch weitgehend egal sein. Sie freuen sich allerorts über den freundlichen Gabenbringer, genauso wie über das Christkind. Nicht nur, weil es Geschenke gibt, sondern auch wegen dem Hauch des Geheimnisvollen und Magischen, das diese beiden Weihnachtsfiguren, auch abseits jedes religiösen Kontexts, umgibt.

22

MITTERNACHTSSPAZIERGANG – WEIHNACHTSMETTE UND ANDERE KIRCHLICHE TRADITIONEN

Während weltweit mehrere Milliarden Menschen – mehr oder weniger praktizierende Christen, aber auch Nichtchristen – jedes Jahr das Weihnachtsfest auf die eine oder andere Art begehen, geht dabei manchmal unter, dass es sich dabei ursprünglich nicht um ein Familienfest handelt, sondern um ein religiöses. Und zwar eines der wichtigsten des christlichen Glaubens. Wenn auch nicht *das* wichtigste, weshalb wohl auch viele christliche Geistliche das bunte kommerzielle Treiben rund um den Tag eher akzeptieren als bejubeln. Denn, wenn Weihnachten auch für viele Menschen das wichtigste Fest des Jahres ist (eventuell abgesehen vom eigenen Geburtstag), steht es in der Kirche sozusagen im Schatten des wichtigsten Festes des Jahres, nämlich Ostern.

Es ist nämlich so: Die Geburt des Erlösers, Jesus Christus, stellt im christlichen Glauben natürlich ein

wichtiges Ereignis dar, je nach Konfession etwas wichtiger oder weniger wichtig, aber es ist nicht das zentrale Ereignis. So wird die Geburt von Jesus auch nur in zwei der vier Evangelien überhaupt erwähnt *(siehe Kapitel 15)*. Und obwohl es rund um seine Geburt einiges gibt, das auch für den Glauben wichtig ist, seien es Prophezeiungen, wundersame Ereignisse davor und danach und vieles andere mehr, handelt es sich dennoch – nicht blasphemisch gemeint – schlicht und einfach um eine Geburt. Das Jesuskind gilt zwar als heilig, als Sohn Gottes, als der Erlöser, aber es hat eigentlich noch nichts Wesentliches getan. Auch über Jesus als Kind oder Teenager gibt es nur wenige offiziell durch die Kirche anerkannte Berichte. Im Zentrum des Glaubens steht der erwachsene Jesus, der Prediger, der Lehrer, der Reformator, der das Judentum, das Alte Testament hernimmt, erneuert und um wesentliche neue Glaubensinhalte erweitert. Etwa die Feindesliebe. Und der zentrale Höhepunkt des Lebens von Jesus von Nazareth ist sein Tod. Sein Leiden, seine Hingabe für die Menschheit und seine Auferstehung. Darum ist die Zeit vor Ostern und Ostern selbst, die an seinen Tod erinnert, das wichtigste Fest der Christenheit. Zudem ist die Zeit vor Ostern eine bedeutende Fastenzeit, die noch immer von sehr vielen Menschen eingehalten wird. Im Vergleich dazu ist die Weihnachtszeit für ernsthaft Gläubige etwas weniger bedeutend und wurde auch lange, jahrhundertelang, nicht besonders groß gefeiert. Das hat sich inzwischen – auch in der kirchlichen

Praxis – geändert, nicht zuletzt deshalb, weil viele Kirchenoberhäupter hier eine Chance sehen, über die Brücke des populären Fests doch wieder auf den einen oder anderen Feiernden mit konkreten Glaubensinhalten einwirken zu können.

Aus all diesen Gründen ist Weihnachten ein wichtiges kirchliches Fest, das mit vielen bedeutenden religiösen Feiern begangen wird. Die bekannteste ist wohl die Christmette. Aber die Feiern beginnen schon zuvor: in der Adventszeit.

Im kirchlichen Kalender beginnt die Adventszeit im Gegensatz zum Weihnachtskalender nicht am 1. Dezember, sondern am ersten Adventssonntag, der jedes Jahr ein wenig anders fällt *(siehe Kapitel 18)*. Genau genommen beginnt der Advent am Vorabend mit einer Vesper, in diesem Fall einem abendlichen Gebet oder Gottesdienst. In der katholischen Kirche werden in dieser Zeit immer wieder spezielle Messen abgehalten, in denen bestimmte Gebete gesprochen werden. Besonders wichtig ist der dritte Adventssonntag, in dem aus Freude auf die Ankunft des Herrn die liturgische Farbe violett durch eine hellere Variante, rosa, ersetzt wird ... auch auf dem Adventskranz, *siehe ebenfalls Kapitel 18.*

Auch einige andere Feiertage des Kirchenjahrs fallen in die Adventszeit, auch wenn sie nicht unmittelbar damit zu tun haben. Allen voran das Fest des Heiligen Nikolaus *(siehe Kapitel 6)* am 6. Dezember. Schon zuvor am 4. Dezember wird der Barbaratag, als das Fest der heiligen Bar-

bara, begangen. Um diesen Tag ranken sich einige Bräuche wie die bekannten Barbarazweige *(siehe Kapitel 17)*.

Aber auch der 8. Dezember ist ein wichtiges Fest, der in Teilen des katholischen Raums auch ein öffentlicher Feiertag ist. Was immer wieder zu Kontroversen mit dem Handel führt, der gerade in der Vorweihnachtszeit gern alle Geschäfte möglichst oft und lange geöffnet haben möchte. Tatsächlich begangen wird Mariä Empfängnis oder auch das »Hochfest der ohne Erbsünde empfangenen Jungfrau und Gottesmutter Maria«. Der Ursprung dieses Festes ist nicht sehr vielen Menschen klar, nicht einmal nominellen Christen. Im Grunde wird hier gefeiert, dass der Vater von Maria seine Frau an diesem Tag geschwängert hat. Ernsthaft. Allerdings durchaus mit religiöser Logik: Denn (vor allem) in der katholischen Sichtweise musste bereits die Empfängnis von Maria etwas Heiliges sein, damit sie nach ihrer Geburt dazu in der Lage war, den Sohn Gottes zu gebären. Übrigens steht der Umlaut ä hier für die lateinische Endung -ae, die einen zweiten Fall, also Genitiv anzeigt. Denn es ist »die Empfängnis der Maria«, die hier gefeiert wird, nicht die Empfängnis von Jesus.

Auch in der evangelischen Kirche wird die Adventszeit feierlich begangen, vor allem durch das Lesen bestimmter Passagen der Bibel an bestimmten Tagen.

Früher galt die Adventszeit auch als Fastenzeit, etwas, das man sich heute nur mehr schwer vorstellen kann durch die mit Weihnachtsbäckerei, Schoko-Ad-

ventskalendern, Weihnachtsmärkten und Kaffeekränzchen an Adventssonntagen überladene Vorfeierzeit. Tatsächlich wurden viele der heute üblichen weihnachtlichen Leckereien früher in dieser Zeit nur vorbereitet und erst nach Ende der Fastenzeit, beim Weihnachtsfest, verzehrt. Ein weiterer Grund für ihre Haltbarkeit *(siehe Kapitel 12)*. Allerdings wurde die Fastenzeit nicht völlig abgeschafft, so gilt diese zum Beispiel noch in der orthodoxen Kirche, wo sie tatsächlich sogar sechs Wochen, ab Mitte November, lang dauert – weshalb diese Zeit hier seltener Advents-, sondern Weihnachtsfasten genannt wird.

Der Höhepunkt der kirchlichen Weihnachtsfeiern wird in der Nacht vom 24. auf den 25. begangen, bei der sogenannten Weihnachtsmesse oder Christmette. Manchmal gibt es schon davor kleine Feiern in der Kirche mit mehr oder weniger Messcharakter, wie etwa die Krippenspiele. Die Christmette selbst beginnt meistens um Mitternacht, vereinzelt aber auch davor. Früher wurde sie in den Morgenstunden des 25. Dezember abgehalten, was regional auch noch immer so beibehalten wird. Die Christmette ist eine echte kirchliche Messe, hat aber auch einen familiär-feierlichen Charakter. Für viele Familien, die das Jahr über sonst die Kirche selten oder nie besuchen, gehört es zum Fest dazu, nach dem Weihnachtsessen und der Bescherung gemeinsam zur Kirche zu gehen und daran teilzunehmen.

Damit sind die kirchlichen Feierlichkeiten rund um Weihnachten aber noch lange nicht vorbei. Im katholi-

schen Glauben folgt auf die Abendmesse und die Mitternachtsmesse in der Früh bereits eine dritte, Hirtenmesse genannt. Darauf folgt die sogenannte Oktave (acht feierliche Tage nach einem Hochfest). Als da wären:

- ✳ Das Fest der Geburt des Herrn (25.12.)
- ✳ Das Fest des Heiligen Stefan, in Österreich: Stefani (26.12.)
- ✳ Das Fest des Apostels Johannes (27.12.)
- ✳ Das Fest der Unschuldigen Kinder (28.12.)
- ✳ Am 29., 30. und 31.12. wird in den Tagesmessen besonders auf Weihnachten Bezug genommen
- ✳ Der Oktavtag (31.12.) vereinigt schließlich Neujahr, das Hochfest der Gottesmutter Maria, die Namensgebung von Jesus und das Fest seiner Beschneidung.

Denn was gern übersehen wird, Jesus wurde als Jude geboren und damit auch nach jüdischen Traditionen beschnitten. Getauft wurde er erst als Erwachsener durch Johannes den Täufer, der diese Tradition erst begründete. Dazu kommt noch »Das Fest der Heiligen Familie«, das jeweils am Sonntag während der Oktave gefeiert wird. Wenn dieser Sonntag jedoch auf den 25. Dezember fällt, wird es stattdessen am 30. Dezember nachgeholt. Bei Unklarheiten fragen Sie einfach Ihren Pfarrer, Vikar oder Bischof.

Das Ende der Weihnachtszeit weicht ebenfalls je nach Konfession ab. In der evangelischen Kirche endet es am 6. Januar dem Fest der Erscheinung des Herrn (Epiphanias), in Teilen der katholischen Kirche am Sonntag danach und

nach einem anderen Ritus zu Mariä Lichtmess (Fest der Darstellung des Herrn) am 2. Februar und somit am 40. Tag nach seiner Geburt.

In verschiedenen orthodoxen Kirchen ist alles ein wenig komplizierter. Unter anderem gilt dort der 6. Januar als das wichtigste Fest, zum einen durch kalendarische Verschiebungen, zum anderen … aber auch einfach so. Besonders groß ist die Verschiebung in der armenischen Kirche, weshalb dort die Weihnachtszeit mit dem Fest der Darstellung des Herrn erst am 14. Februar endet. Wenn man nach altem Brauchtum den frühesten Beginn der Weihnachtszeit mit dem Fest des Heiligen Martin am 11. November ansetzt, der Beginn der sich früher üblichen sechs Wochen erstreckenden Fastenzeit, so kann man sagen, dass quer durch die Konfessionen und Traditionen die christliche Weihnachtszeit in ihrer größten anzunehmenden Ausdehnung vom 11. November bis zum 14. Februar andauert – also 95 Tage, über drei Monate oder ein Vierteljahr.

Eine Tatsache, die besonders große Fans von Weihnachten wohl ziemlich freuen dürfte.

23

VON GANS, FISCH UND WÜRSTCHEN BIS AUSTERN, BORSCHTSCH UND ROBBENBALG – TRADITIONELLE WEIHNACHTSESSEN, NATIONAL UND INTERNATIONAL

Obwohl in den westlichen beziehungsweise christlichen Ländern Weihnachten örtlich bedingt mal am 24., mal am 25. gefeiert wird, gibt es doch überall eine Gemeinsamkeit: das familiäre Weihnachtsessen. Das heißt, egal ob man zuvor die Kirche und vielleicht ein Krippenspiel besucht, egal ob man danach noch in die Christmette geht, egal ob es die Geschenke noch am Abend unter dem Baum oder erst am nächsten Tag in Strümpfen am Kamin gibt – das gemeinsame Essen am Abend des 24. gehört fast überall dazu. Abgesehen von den USA ist dieses gemeinsame Mahl oft auch das zentrale familiäre Ereignis des Jahres, das auch weiter entfernt wohnende Familienmitglieder miteinbezieht. In den USA ist das Thanksgiving-Fest in dieser Hinsicht noch eine Spur wichtiger –

ein absichtlich erfundenes nichtreligiöses Fest, das alle Amerikaner unabhängig vom Glauben oder eben auch Nichtglauben am selben Tag begehen können und sollen.

Das Feiern am Heiligen Abend hat fast überall eines gemeinsam: Die Familie sitzt zusammen um einen großen Tisch, es gibt ein feierliches Menü, meist aus mehreren Gängen bestehend, es wird fleißig zugelangt und meist ausgiebig getrunken. Was allerdings genau auf den Tisch kommt, ist oft sehr unterschiedlich. Wobei sich manche Familien jedes Jahr an eine strenge Tradition halten, andere flexibel zwischen verschiedenen Varianten wechseln – oder einfach irgendetwas auf den Tisch stellen, das besonders gut schmeckt. Traditionelle Klassiker im deutschsprachigen Raum sind die folgenden.

DIE WEIHNACHTSGANS

Alle Gänse, die nicht am Martinstag verzehrt wurden (wir erinnern uns, die Martinsgans wird nach der Legende deswegen verspeist, weil es Gänse waren, die den heiligen Martin verraten haben), geht es ein paar Wochen später an den Kragen. Die Gans wird im ganzen deutschsprachigen Raum auch deswegen gern verwendet, da sie im Gegensatz zu einem Brathuhn um einiges größer ist und somit eine größere Menge von Gästen satt machen kann. Noch dazu, wenn sie üppig gefüllt wurde. Traditionell stehen hierfür mehrere Varianten zur Auswahl. Die

beliebtesten sind eine Brotfülle (Semmeln) und eine Füllung aus Bratäpfeln, die manchmal auch zusätzlich neben der Gans im Ofen gebraten und als Beilage serviert werden. Die Weihnachtsgans stammt ursprünglich vermutlich aus England, wo sie bereits ab 1600 sehr beliebt war. Übliche Beilage sind Klöße/Knödel, Kartoffeln/Erdäpfel und Rotkohl/Blaukraut.

DER WEIHNACHTSTRUTHAHN

Mancherorts, besonders wenn es darum geht, besonders große und sehr hungrige Familien zu versorgen, wird die Weihnachtsgans auch durch einen Truthahn ersetzt. In gewisser Weise ist das eine Übernahme aus dem amerikanischen Raum, wo der Truthahn das traditionelle Festtagsessen sowohl für Weihnachten als auch Thanksgiving ist. Nun, in Amerika hat man es eben meistens gern ein wenig größer. Neben Truthahn und Weihnachtsgans wird oft auch Ente (also Weihnachtsente) serviert.

DER WEIHNACHTSKARPFEN

Eine andere Tradition ist der Weihnachtskarpfen. Möglicherweise steht das mit dem alten Fischsymbol für Jesus in Zusammenhang, das im frühen Christentum als Geheimzeichen verwendet wurde. Dabei stand das griechische Wort »ICHTYS« (Fisch) als Akronym für »ΙΗΣΟΥΣ« – Jesus, »ΧΡΙΣΤΟΣ« – »Christós«, der Gesalbte, »ΘΕΟΥ« – »Theoû« Gottes, »ΥΙΟΣ« – »Hyiós« Sohn, »ΣΩΤΗΡ« – »Sōtér«, Retter, Erlöser. Der Karpfen ist als Weihnachtsessen aus ähnlichen Gründen beliebt wie die Gans: Karpfen sind einfach sehr groß. Ein anderer Grund für die Beliebtheit des Flossentiers, vor allem im südostdeutschen und österreichischen Raum und in den angrenzenden katholischen Gebieten, liegt darin, dass die Adventszeit früher eine Fastenzeit war, in der man kein Fleisch essen durfte. Und genau genommen endet die Fastenzeit erst mit dem Christtag, dem 25. Dezember, weshalb man für ein feierliches Essen am Abend davor auf Fisch auswich.

FLEISCH ODER DOCH FLEISCHLOS?

Nachdem im Gegensatz zur Ostkirche im Westen die Zeit vor Weihnachten nicht mehr als Fastenzeit angesehen wird, fällt dieses Argument heutzutage weg. Weshalb auch andere größere Fleischgerichte wie Schweinsbraten,

Wild oder Roastbeef zu Weihnachten verzehrt werden. Dazu gesellen sich natürlich in den letzten Jahren auch vegetarische und vegane Alternativen – allerdings hat sich noch keine als neuzeitlicher Klassiker etabliert.

DAS WEIHNACHTSFONDUE

In den letzten Jahren wird das Weihnachtsfondue immer beliebter. Die Logik dahinter ist vor allem die der Gemeinsamkeit. Alle sitzen zusammen um den brodelnden Topf, egal ob es sich nun um Suppe, Öl oder sogar Schokolade handelt, es wird gemeinsam gegart (beziehungsweise schokoliert) und gegessen. Außerdem kann jeder unter den Zutaten wählen und so viel davon zubereiten, wie er oder sie möchte. In der sonst so fonduereichen Schweiz gilt es allerdings nicht als traditionelles Weihnachtsessen.

WEIHNACHTSESSEN IN DER SCHWEIZ

Auch was das Essen betrifft, ist die Schweiz in sprachliche Regionen geteilt. Im italienischen Teil gibt es Weihnachtskuchen (Pannetone) und Ravioli, die französische Schweiz neigt dem Truthahnbraten zu, während die Deutschschweizer gern Schüfeli oder Rollschinkli zu sich nehmen. Schüfeli wird in der Schweiz sowie in Südbaden

und im Elsass als Schüfele oder Schüfeli bezeichnet und ist im Grunde dasselbe wie Schäufele, Schäuferle, Schäuferla, Schäufala, Schäufli, Schäuferl oder Schäufelchen im süddeutschen Raum – nämlich Schweinsschulter. In der Schweiz und im südwestdeutschen Raum versteht man darunter vorwiegend einen Schweinskümmelbraten oder auch ein gepökeltes und geräuchertes Stück, das gern mit Sauerkraut oder grünen Bohnen serviert wird. Dazu gern noch Kartoffel oder Knödel. Die letztere Variante ist auch als Weihnachtsschinken bekannt, was sich dann im Wesentlichen mit dem zweiten Klassiker, Rollschinkli, überschneidet. Im zumindest ebenfalls zum Teil zum deutschen Sprachraum gehörenden Luxemburg serviert man dagegen gern Blutwurst mit Stampfkartoffeln und Apfelsoß.

SIMPEL UND KLASSISCH

Neben all diesen kulinarischen Köstlichkeiten dominiert in vielen deutschen Haushalten traditionell oft ein ganz simples Essen: Kartoffelsalat mit Würstchen. Diese vergleichsweise eher simple Mahlzeit kommt bei rund einem Drittel der Deutschen auf den Tisch. Auch diese Tradition stammt aus der Zeit, in der vor Weihnachten noch gefastet wurde. In Zeiten ohne Fleisch war ein Kartoffelsalat besonders bei kalter Witterung ein sehr sättigendes Essen. Auch heute schätzen viele Familien Kartoffelsalat

mit Würstchen, da diese Speise rasch zubereitet ist und daher bei all den stressigen Weihnachtsvorbereitungen wenig Aufwand erfordert.

NEINERLAA

Eine regionale deutsche Besonderheit stellt das sogenannte Neinerlaa dar, das vor allem im Erzgebirge und Vogtland bekannt und beliebt ist. Das Wort bedeutet Neunerlei und genau das ist damit auch gemeint: Ein Weihnachtsessen besteht hier aus neun verschiedenen Gerichten. Dabei fungiert das Essen als eine Glücks- und Los-Tradition. Jeder Anwesende sollte jede der neun Spezialitäten zumindest kosten. Das soll Glück – vor allem auch finanziell – und Gesundheit bringen. Varianten dieser Tradition findet man außerhalb des deutschen Sprachraums vor allem auch in slawischen Regionen, wie auch im Folgenden geschildert.

SCHNELLDURCHLAUF

* Polen – zwölf Gerichte, die an die zwölf Apostel erinnern sollen, bis auf den Fisch alle vegetarisch, darunter Borschtsch, Maultaschen und Pilzsuppe.
* Tschechien – Karpfen, der oft, damit er noch besonders frisch ist, einige Tage davor in der Badewanne gehalten wird.
* Slowakei – Fisch, Sauerkraut, Pilzsuppe.
* Slowenien – Im Zentrum steht das aus mehreren Weizensorten gebackene Weihnachtsbrot, dem magische Fähigkeiten zugeschrieben werden.
* Ungarn – Hier dominiert Fisch, meist Karpfen, erst als Fischsuppe, dann gebraten.
* Frankreich – Je nach Region unterschiedlich stehen hier Truthahn mit Walnüssen, Gänseleber, Schnecken, Hummer oder Austern zur Auswahl.
* Vereinigtes Königreich – Abgesehen von der weitverbreiteten Weihnachtsgans und der traditionellen Pastete stellt hier der Christmas Pudding oder Plum Pudding das Hauptevent dar *(siehe auch Kapitel 12 über weihnachtliche Süßigkeiten)*.
* Dänemark – Es dominiert ein Braten, sei es Schwein, Gans oder Ente, oft mit Rotkohl und als Besonderheit Kartoffeln, die durch Zugabe von Zucker glasiert wurden.
* Estland – meistens Schweinebraten, aber auch Würste (Weiß- oder Blut-) und Pastete.

- Finnland – Weihnachtsschinken und als Besonderheit ein Auflauf aus Steckrüben und der traditionelle Rote-Bete-Salat (»Rosolli«).
- Island – Rauchfleisch, Würstchen und Weihnachtslamm (»Jolaar«).
- Lettland – Schweinebraten, Fisch oder Blutwurst und als Spezialität Speckkuchen (»Piragi«).
- Litauen – Ähnlich wie in Tschechien gibt es zwölf Gerichte, bei denen auf Fleisch und Milchspeisen verzichtet wird.
- Norwegen – Rippchen (Schwein oder Lamm), Sauerkraut und Steckrüben.
- Schweden – Meist gibt es ein reichhaltiges Buffet (»Julbord«) und als Spezialität »Julskinka« (Weihnachtsschinken).
- Russland – zwölf unterschiedliche Gerichte, siehe Lettland und Tschechien.
- Ukraine – zwölf Fastenspeisen, darunter Borschtsch aus Karpfen und Teigtaschen (»Wareniki«) sowie eine Süßspeise namens »Kutja«.
- Bulgarien – unterschiedlich, aber reichhaltig, viel Fleisch sowie mit Käse gefüllte Teigblätter.
- Kosovo – unter anderem Pite (mit Kürbis), Fisch, Salate und Bohnen.
- Kroatien – meist Fisch.
- Nordmazedonien – gebackene Bohnen, Sauerkraut und Fisch.

* Rumänien – Kohlrouladen mit Maisbrei (»Sarmale«, »M m lig «) sowie Würstchen und Kuttelsuppe (»Ciorba«).
* Italien – Meeresfrüchte und Süßigkeiten wie unter anderem Panettone, Fleisch gibt es am nächsten Tag.
* Malta – Truthahn mit Gemüse oder Kartoffeln, dazu ein spezielles Gebäck (Honigring).
* Portugal – portugiesischer Eintopf (»Cozido à Portuguesa«) oder getrockneter Stockfisch (»Bacalhau«) sowie Oktopus.
* Spanien – Hauptsache üppig, von Fisch und Meeresfrüchten (Meerbrasse, Austern, Glasaale), Suppen und iberischen Würsten bis zu Braten und Fleisch … wobei Truthahn, Lamm und Schinken dominieren.
* Grönland – wenig überraschend Robben-, Wal- oder Rentierfleisch. Oder auch einfach Heilbutt beziehungsweise Lachs. Dazu Spezialitäten wie Walhaut (»Mattak«) und »Kiviak«. Letzteres ist ein Fleischgericht mit Fett, Blut, Kräutern und Beeren, in Robbenbalg gewickelt.
* Mexiko – eine ganze Reihe von speziellen weihnachtlichen Spezialitäten, sehr oft Truthahn und Kabeljau.
* Südamerika – eine vielfältige Speisenauswahl quer über den Kontinent. Darunter nur als Beispiel Truthahn-Sandwich oder mit Salat und Radieschen belegte Baguettes.
* Japan – Weihnachtskuchen und frittiertes Huhn, oft direkt von Kentucky Fried Chicken *(siehe Kapitel 4)*.

- Libanon – verschiedene internationale und lokale Gerichte, gern auch Truthahn.
- Philippinen – Käsebällchen und Schinken, die erst nach der Weihnachtsmesse verspeist werden.
- Ägypten – Bei den koptischen Christen gibt es ein großes Festmahl und dazu Kekse in Kreuzform. Die Fastenzeit beginnt bei ihnen erst danach.
- Äthiopien – heimische Brotfladen (»Injera«) mit verschiedenen Fleischsorten (von Lamm über Rind bis zu Kalb und Geflügel).

Und in Australien und Neuseeland – Schließlich mischen sich verschiedene europäische Traditionen wie Weihnachtsschinken oder Truthahn, aber auch Garnelen und Austern. Da Weihnachten dort in die Mitte des Sommers fällt, wird das Weihnachtsessen oft auch als Grillfest (»Christmas Barbecue«) abgehalten, bei dem die Beteiligten außer Kochschürzen im Santa-Claus-Design meist nur weihnachtliche (rote oder rot-weiße) Bikinis und Badehosen tragen. Plus klimatisch nicht ganz adäquate Weihnachtsmützen.

24

STILLE NACHT, HEILIGE NACHT – DAS WEIHNACHTSLIED DER WELT

Weihnachtslieder sind eine der ältesten Traditionen rund um das Weihnachtsfest. Dabei gibt es sowohl eine lange liturgische Tradition von Kirchenliedern als auch ein schon seit Jahrhunderten bestehendes Volksliedgut. Die Palette reicht dabei von international bekannten und in viele Sprachen übersetzten Liedern wie »O Tannenbaum« bis zu eher nur regional bekannten Volksliedern wie »Es wird scho glei dumpa« (»Es wird gleich dunkel«), von ganz alten Liedern wie die bereits im vierten Jahrhundert von Bischof Ambrosius von Mailand verfasste Hymne »Veni redemptor gentium« (»Komm, Erlöser der Völker«) bis zu neuzeitlichen Popsongs wie »White Christmas« *(siehe dazu Kapitel 9 und 20)*. Wenn man allerdings nach dem sozusagen ultimativen Weihnachtslied, der Königin aller weihnachtlichen Lieder sucht, wird schnell klar, dass die Wahl nur auf eines fallen kann: »Stille Nacht, heilige Nacht«.

Zwar gehört das Lied über diese stille und heilige

Nacht bei weitem nicht zu den ältesten, tatsächlich ist es nur wenig älter als 200 Jahre, aber mit seinen Übersetzungen in 320 Sprachen und Dialekte das mit Sicherheit auf der ganzen Welt am meisten verbreitete. Im Jahr 2011 wurde das Lied auch von der UNESCO als immaterielles Kulturerbe (von Österreich) anerkannt. Denn tatsächlich stammt das Lied aus Österreich und wurde im Jahr 1818 das erste Mal in einer Kirche in Oberndorf bei Salzburg aufgeführt.

Die Geschichte dahinter ist spannend. Das Lied hat zwei Väter, Franz Xaver Gruber und Joseph Mohr. Von dem einen stammt die Musik, von dem anderen der Text und beide sangen und begleiteten die Uraufführung selbst musikalisch. Doch der Reihe nach.

Joseph Mohr wurde im Jahr 1792 in Salzburg (Stadt) geboren. Das heutige Bundesland Salzburg mit seiner gleichnamigen Hauptstadt war damals noch ein eigenes Land, das Fürsterzbistum Salzburg. Als Mohr 1848 in Wagrain starb, war Salzburg allerdings schon lange ein Teil des österreichischen Kaisertums. Mohr wurde in ärmlichen Verhältnissen geboren. Seine Geburt fand vermutlich sogar in einem Armenhaus statt. Er war ein uneheliches Kind, obwohl seine Eltern dann später heirateten. Trotz dieser problematischen Herkunft konnte er das Akademische Gymnasium in Salzburg besuchen, da vor allem sein musikalisches Talent schon früh vom Salzburger Domvikar entdeckt wurde, der ihn daraufhin förderte. Nach dem Studium der Theologie wurde Joseph

Mohr schließlich 1815 zum Priester geweiht. Dafür musste – aufgrund seiner unehelichen Herkunft – sogar extra eine Genehmigung des Papstes eingeholt werden. Mohr machte in weiterer Folge eine bescheidene kirchliche Karriere, hauptsächlich in Landpfarren, und starb schließlich als Vikar an einem Lungenleiden, das ihn aufgrund der schlechten Wohnverhältnisse als Kind sein ganzes Leben lang begleitet hatte. Im Rahmen seiner kirchlichen Tätigkeit war er sowohl geübt im Verfassen von Texten als auch in der musikalischen Begleitung der Gottesdienste. Unter anderem auf der Gitarre. Den Text für seinen späteren Welthit verfasste er bereits zwei Jahre vor der Uraufführung 1816 als Gedicht. Zu seinen Lebzeiten war Mohr nicht prominent und wurde daher auch nie porträtiert – oder es sind zumindest keine Porträts von ihm erhalten. Um ihm später doch ein Denkmal setzen zu können, dass ihm zumindest ähnlich sah, wurde sein Schädel im Jahr 1912 exhumiert und nach dessen Form eine posthume Nachstellung seiner Gesichtszüge geschaffen. Anschließend kam der Schädel allerdings nicht mehr zurück in sein Grab, sondern wurde im Jahr 1937 anlässlich der feierlichen Einweihung der Stille-Nacht-Kapelle in Oberndorf eingemauert, wo er sich noch immer befindet.

Conrad Franz Xaver Gruber kam im Jahr 1787 in Unterweitzberg in Hochburg-Ach, ebenfalls im Fürsterzbistum Salzburg, auf die Welt. Auch seine Herkunft war bescheiden, aber sein Vater war immerhin Handwerker. Genau genommen war er Leinenweber und Gruber juni-

or sollte eigentlich bei ihm in die Lehre gehen und ebenfalls das Handwerk des Webers erlernen. Aber auch bei ihm wurde früh eine musikalische Veranlagung erkannt, die in seinem Fall gleich zur Förderung in die akademische Richtung führte. Denn sowohl Lehrer als auch Pfarrer hatten damals beruflich eine große Nähe zur Musik, die sowohl im Unterricht als auch im Gottesdienst eine wichtige Rolle spielte. Die Lehramtsprüfung absolvierte Gruber im Jahr 1806 und er wurde im Jahr 1807 Lehrer in Arnsdorf. Dabei übte er auch Tätigkeiten in der örtlichen Kirche aus und bezog später die Messnerwohnung. Dazu musste er allerdings erst die dort wohnende zweifache Witwe Elisabeth Fischinger heiraten. Sie brachte zwei Kinder in die Ehe mit, die Gruber mit ihr noch um zwei weitere ergänzte. Übrigens ist die Schule in Arnsdorf die heute älteste noch durchgehend genutzte Schule Österreichs. Nach dem Tod seiner Frau heiratete Gruber ein weiteres Mal und zwar eine ehemalige Schülerin, mit der er noch weitere zehn Kinder hatte. Nach einem anderen Lehrerposten wurde er schließlich Stadtpfarrchorregent in Hallein, heiratete nach dem Tod seiner zweiten Frau ein drittes Mal und starb 1863 als relativ wohlhabender Mann. Auch zu seinen Ehren wurden mehrere Denkmäler errichtet, allerdings dank vorhandener Porträts, ohne dass dafür sein Kopf ausgegraben werden musste.

Über die Bekanntschaft der beiden Männer ist nicht viel bekannt. Da sie allerdings beide ungefähr in derselben Region im selben beruflichen Umfeld (Kirche und Pä-

dagogik) tätig waren, konnte es zahlreiche Gelegenheiten gegeben haben, einander kennenzulernen. Die Entstehung des Liedes als Zusammenarbeit der beiden ist jedenfalls gut dokumentiert. Der Ablauf war folgender: Joseph Mohr bat irgendwann zwischen 1816 und 1818 Franz Xaver Gruber um die Vertonung seines 1816 entstandenen Textes. Damit ist Mohr nicht nur der Textdichter, sondern auch der Urheber im Sinne des Initiators des Liedes. Gruber vertonte den sechs Strophen umfassenden Text. Die beiden führten das Lied dann gemeinsam im Rahmen eines Gottesdienstes im Jahr 1818 auf – genau an Heiligabend in der Schifferkirche St. Nikola in Oberndorf bei Salzburg. Über die genauen Umstände der Aufführung ist bekannt, dass Gruber die zweite Stimme sang, Mohr die erste und dabei Gitarre spielte. Manche vermuten, dass er dies tat, weil die Orgel zu dieser Zeit kaputt war. Jedenfalls wurde das Lied von Anfang an mit großer Begeisterung aufgenommen und verbreitete sich infolge, wenn auch mit zeitlichen Abständen und in Stufen recht rasch.

Einer der Verbreitungswege führte über Tirol. Beide Autoren waren mit dem Orgelmacher Karl Mauracher aus Fügen im Zillertal bekannt, der das Lied mit sich nahm, wo es bereits ab Weihnachten 1819 gesungen wurde. Ob er bei der Uraufführung dabei war, vielleicht sogar deswegen, weil die Orgel kaputt war, ist nicht überliefert, wäre aber eine wunderbare Ironie des Schicksals. Im Kirchenchor in Fügen sang auch eine Gruppe von Geschwis-

tern, die später das Singen zu ihrer Profession wählte und infolge als »Geschwister Rainer« internationale Karriere machte. Bei ihren Reisen zwischen 1824 und 1843 – bis nach Russland und England – gaben sie auch immer wieder »Stille Nacht, heilige Nacht« zum Besten.

Eine andere international auftretende Musikgruppe aus Tirol, die »Geschwister Strasser«, die anfangs fahrende Händler waren und das Singen nur nebenbei betrieben, brachten das Lied 1832 nach Leipzig, wo es sich sehr rasch in Preußen zu einem lokalen Hit entwickelte. In weiterer Folge wurde das Lied vom Berliner Domchor für seine Christmetten übernommen, wo es anschließend zum Lieblingslied von König Friedrich Wilhelm IV. wurde. Dieser Tatsache verdanken wir die genauen Erkenntnisse über die Urheber und den Ursprung des Liedes. Denn damals hatte man es (ähnlich wie heute auf YouTube) nicht so mit dem Copyright. Lieder verbreiteten sich oft sehr schnell und weit, nicht aber die Namen von deren Schöpfern. Genauso war das zuerst auch bei »Stille Nacht«. Man kannte den oder die Urheber nicht und macht sich erst Gedanken darüber, als das Lied immer berühmter wurde. So manch einer verdächtigte daraufhin Joseph oder seinen ebenfalls komponierenden und in Salzburg tätigen Bruder Michael Haydn, die Komponisten des Werkes zu sein. Im großen Ganzen wurde es aber, obwohl tatsächlich erst wenige Jahrzehnte alt, als traditionelles Volkslied angesehen – und genau als solches bereits 1833 in Leipzig in einer Liedersammlung mit

dem Titel »Vier ächte Tyroler-Lieder« abgedruckt. Auch ein Druck in New York ist bereits aus dem Jahr 1840 bekannt. Diese waren aber offenbar nicht die ersten: Vor wenigen Jahren ist ein zuvor unbekannter und noch wesentlich älterer Druck mit Noten, allerdings ohne genaue Jahreszahl, in einem Wiener Antiquariat aufgetaucht. Da die Fassung allerdings alle ursprünglich sechs Strophen in der anfänglich von Mohr intendierten Reihenfolge (dazu gleich) enthielt, liegt ein Druck bald nach der Entstehung des Liedes nahe. Auch dieser Druck enthält keine Namen von Komponist und Texter.

Die wahren Schöpfer des Liedes wurden erst im Jahr 1854 und eher zufällig entdeckt. Auf Veranlassung von König Friedrich Wilhelm IV. wandte sich dessen Hofkapelle nach einer ersten Recherche über die Herkunft in diesem Jahr an das Salzburger Stift Sankt Peter mit der Bitte um eine möglichst authentische Abschrift des Liedes. Dort forschte man ebenfalls ein wenig weiter und entdeckte dabei eher zufällig die Urheberschaft des zu diesem Zeitpunkt bereits in Hallein lebenden Franz Xaver Gruber. Man trat an ihn heran und er verfasste daraufhin eine kurze Geschichte der Entstehung des Liedes, die sogenannte »Authentische Veranlassung zur Composition des Weihnachtsliedes Stille Nacht, Heilige Nacht« – ein bis heute erhaltenes Dokument, in dem dessen Entstehung genau dargelegt wurde.

Von den ursprünglich verfassten sechs Strophen sind heute die ersten zwei sowie die letzte allgemein gebräuch-

lich. Wobei sie meistens in umgekehrter Reihenfolge – genauer gesagt eins, sechs, zwei – gesungen werden. In der Kirche in Oberndorf werden allerdings jedes Jahr zu Weihnachten die kompletten sechs Strophen gesungen. Die früheste handschriftliche Aufzeichnung von Mohr stammt aus dem Jahr 1823 und weist ein paar, aber im Wesentlichen unerhebliche Unterschiede zur heute gebräuchlichen – tatsächlich aus Leipzig stammenden – Textfassung auf. Der Originaltitel von Mohr lautete übrigens schlicht »Weynachts-Lied«. Zu der Zeile »Holder Knab' im lockigten (sic!) Haar« wurde Mohr, wie man heute weiß, durch eine um 1500 entstandene Darstellung des Jesuskindes auf dem Hochaltar in Mariapfarr inspiriert. Der Rest ist (Welt-)Geschichte.

Insgesamt gibt es heute Übersetzungen und Übertragungen in mehrere 100 Sprachen, unter anderem ins Klingonische (»Qath'lo! MajQa«). Tatsächlich existieren aber noch wesentlich mehr Fassungen, weil in fast jeder Sprache mehrere Übersetzungen vorhanden sind – im Englischen zum Beispiel über 40. Manche davon weichen inhaltlich etwas vom Original ab, und es gibt auch einige durch das Lied inspirierte Neufassungen und Nachdichtungen.

Auch die Musik erfuhr im Laufe der Zeit viele Bearbeitungen und Neuinterpretationen. Sie wurde nicht nur von zahlreichen internationalen Popkünstlern wie – kleine unsortierte Auswahl – Simon and Garfunkel, Johnny Cash, Justin Bieber, Sinéad O'Connor und Beyoncé ge-

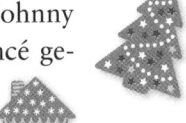

sungen, sondern auch in verschiedene Werke der klassischen Musik integriert, unter anderem von Max Reger. Die erste bekannte Aufnahme auf Schallplatte stammt aus den USA und zwar schon aus dem Jahr 1905 durch das US-amerikanische »Haydn Quartet«. Eine der einflussreichsten professionellen Darbietungen erfolgte 1934 durch Bing Crosby in einer Weihnachts-Radiosendung namens »Silent Night«. Seine dargebrachte Fassung, die gleich darauf auch auf Schallplatte erschien, verkaufte sich bis heute mehrere Dutzend Millionen Mal.

Aufgrund seiner weltweiten Popularität existieren zahlreiche Bücher und mehrere Verfilmungen über die Geschichte der Entstehung des Liedes. Und es ist nicht verwunderlich, dass es auch eine ganze Reihe von erstaunlichen bis kuriosen Begebenheiten rund um »Stille Nacht« gibt. Wie etwa außergewöhnliche Darbietungen, sei es ein gemeinsamer Vortrag von Franklin D. Roosevelt und Winston Churchill 1941 im Garten des Weißen Hauses oder das ebenfalls gemeinsame Singen durch deutsche und britische Soldaten im Jahr 1914 im Rahmen des sogenannten Weihnachtsfriedens.

Eine erstaunliche Karriere für ein von einem Dorflehrer und einem Dorfpfarrer verfasstes, kleines und einfaches Lied aus Salzburg. Vielleicht sogar ein Weihnachtswunder.